Las potencias europeas de la Edad Moderna y sus políticas anti-gitanas de colonialismo penal en las Américas

Manuel Martínez Martínez

Legu, kopiu, diskonigu, reverku
kantu, muzikigu, kriu, recitu
ĉi Libron, Diskonigu la Ideon!

Llegiu, copieu, difoneu, reescriviu,
canteu, musiqueu, crideu, reciteu
aquest Llibre, Difoneu la Idea!

Títol: Las potencias europeas de la Edad Moderna y sus políticas
anti-gitanas de colonialismo penal en las Américas
Autor: Manuel Martínez Martínez

Edició: Jordi Maíz / Pere J. Garcia Munar
Col·lecció Tempus Ago, 15
18x13 cm, 162 p., 2024

Calumnia Edicions
info@calumnia-edicions.net

1ª edició | maig de 2024
ISBN: 978-84-128279-3-4
DL: PM 00381-2024

Las potencias europeas de la Edad Moderna y sus políticas anti-gitanas de colonialismo penal en las Américas

Manuel Martínez Martínez

Índice

INTRODUCCIÓN

En general, la historia de los gitanos en las Américas ha sido poco tratada. Y cuando se ha hecho, lo ha sido de forma fragmentaria e inconexa. Este es el caso del colonialismo penal que las potencias europeas de la Edad Moderna ejercieron sobre su población gitana.

La causa de esta escasez de estudios no se debe a la inexistencia de fuentes primarias; si bien, estas, en su mayor parte, se hallan centradas principalmente en disposiciones legislativas emanadas desde las metrópolis y de las autoridades coloniales, en expedientes judiciales e inquisitoriales. Si bien, solo en el caso español, el Archivo de Indias puede proporcionar una abundante documentación para afrontar la reconstrucción de la historia gitana en las Américas. No obstante, existe un problema importante: la invisibilidad que la historia gitana presenta en los países colonizadores, sin que autores prestigiosos e instituciones académicas presten la atención. El resultado de este escaso interés se traduce en un escaso bagaje de estudios científicos que descolonicen el tratamiento histórico, incentivando y conformando una abundante y enriquecedora base de fuentes secundarias, que sirvan de orientación para abrir líneas de investigación en ramas tan diversas como la Historia del Derecho, Historia Social, Antropología y Sociología Histórica, Historia de las Mentalidades, Historia Militar, Geohistoria, Historia del género, Historiografía, etc.; pues en todas ellas, existe un rastro histórico de presencia gitana.

Entre los autores que han tratado alguno de los aspectos del colonialismo penal, podemos citar para el francés: Ann Ostendorf[1] y Vaux de Foletier[2], para el británico: Ann

---

1 OSTENDORF, Ann (2021). "Louisiana Bohemians: Community, Race, and Empire in the Colonial Atlantic Roma Diaspora", en *Early American Studies: An Interdisciplinary Journal*, Volume 19, Number 4, University of Pennsylvania Press, pp. 659-698.

2 VAUX DE FOLETIER, François (1968). "La gran rafle de bohémiens du pays basque sous le consulat", en Études *tsiganes*, nº 1, 1968, pp.13-22.

Ostendorf[3], Bill Donovan[4] y Sharon Sillers[5]; para el portugués; Francisco Coelho[6], Lopez da Costa[7], Geraldo Pieroni[8]

3 OSTENDORF, Ann (2021). "Racializing American "Egyptians": Shifting Legal Discourse, 1690s-1860s", en *Critical Romani Studies*, Vol. 2, nº. 2, p. 44; "Contextualizing American
Gypsies: Experiencing Criminality in the Colonial Chesapeake",
MARYLAND Historical Magazine, Vol. 113, nº 2, Baltimore.
(2021). Una de las principales aportaciones de esta investigado-
ra ha consistido en mostrar cómo los gitanos deportados a las
colonias inglesas en América del Norte y a la Luisiana francesa
se entremezclaron con las sociedades racializadas emergentes.
4 DONOVAN, Bill (1992). Changing perceptios of social deviance: Gypsies in early modern Portugal and Brazil, Journal of
Social History, 26: 1, pp. 33-53. En sus investigaciones, Donovan
ha demostrado la incapacidad del Estado portugués en su política
de deportaciones con destino a la colonia brasileña, para controlar
a los ciganos tras su llegada y conseguir que abandonaran, tanto
su forma de vida itinerante, como sus tratos comerciales y tráfico
interno de esclavos en la colonia.
5 SILLERS FLOATE, Sharon (1999). "Deportación de gitanos
desde Inglaterra, 1614-1868)", Madrid: Presencia Gitana, pp.
87-129.
6 COELHO, Francisco Adolfo. (1892). *Os ciganos de Portugal;
com um estudo sobre o calão*, Lisboa: Dom Quixote.
7 LÓPES DA COSTA, Elisa. (1999): "El pueblo gitano y el
espacio de la colonización portuguesa. ¿Cuáles han sido sus
aportaciones?", en *Deportaciones de Gitanos*, Madrid: Centre
de recherches tsiganes/Editorial Presencia Gitana, pp. 43-85.
8 PIERONI, Geraldo (2006). *Vadios e Ciganos, Heréticos e Bruxas. Os Degredados no Brasil*, Rio de Janeiro: Bertrand Brasil.

y Rodrigo Corrêa[9]; para el español: Gómez Alfaro[10] y Manuel Martínez[11].

Desde su salida de la India medio milenio antes de que Colón llegase a tierras americanas, los gitanos[12] recorrieron Asia y Europa hasta alcanzar los territorios hispanos en el primer cuarto del siglo XV. El mundo conocido acabó para ellos en Andalucía, hasta que el descubrimiento de América les abrió la oportunidad de continuar su expansión, aunque sometidos a las exigencias de las políticas coloniales de las potencias europeas. Un viaje de mil años condicionado por un proceso civilizatorio de políticas migratorias higienistas de exclusión e invisibilización, que cada nación por donde transitaron, impuso sistemáticamente a través

---

9 TEIXEIRA, Rodrigo Corrêa (2008). *História dos Ciganos no Brasil*. Recife: Núcleo de Estudos Ciganos

10 GÓMEZ ALFARO, Antonio (1982). "La polémica sobre la deportación de los gitanos a las colonias de América", en *Cuadernos Hispanoamericanos*, 386, pp. 308-336.

11 MARTÍNEZ MARTÍNEZ, Manuel (2010). "Los gitanos y la prohibición de pasar a las Indias españolas", en *Expediciones y pasajeros a Indias, Revista de la CECEL*, nº 10, pp. 71-90.

12 Aunque los gitanos pertenecen al mismo tronco etnorracial, debido a su discurrir migratorio e histórico, no se considera un grupo étnico homogéneo, pues cada grupo tiene sus propias especificidades adquiridas en los diferentes contextos espaciales que les ha tocado vivir.

de la represión de leyes específicas para controlar sus movimientos, mediante las prohibiciones de entradas a un país, asentamientos forzados en vecindarios cerrados y expulsión bajo la amenaza de diversas penas en caso de contravención. Todo ello complementado con una política de asimilación forzada y aculturadora, que les obligara a abandonar su forma de vida.

Vistos como extranjeros y elementos extraños incrustados en la sociedad, los gitanos, en su lucha por conservar su identidad étnico-cultural, hallaron en el movimiento una estrategia más de supervivencia, tanto personal como grupal. Una resistencia que se adoptó como respuesta a unas sociedades occidentales que pretendieron el abandono de su nomadismo en unos pocos meses. Un proceso que a ellas le había supuesto miles de años para convertirse en sedentarias. Los pueblos gitanos, como apátridas sin tierra, hubieron de adquirir habilidades adaptativas a partir de su concepción oriental del mundo y orillar los estereotipos y prejuicios negativos construidos a partir del rechazo, la discriminación y la segregación que les etiquetaba como delincuentes e indeseables.

Las autoridades del Antiguo Régimen, que en principio aceptaron a los primeros grupos gitanos como peregrinos en camino a lugares sagrados, terminaron catalogándolos como elementos sociales desviados; cuyo comportamiento, se consideraba indeseable, peligroso y antisocial. Una estigmatización que les condenó a engrosar al grupo compuesto, entre otros, por los ladrones, homicidas, prostitutas y vagabundos, indeseables. Una adscripción legal que tuvo su tratamiento punitivo dentro de un amplio corpus legislativo, que contrasta con su escasa importancia poblacional -no superaba el uno por ciento del total poblacional-, pero que sí, en cambio, respondió al intento de combatir su autonomía y su forma de vida, aspectos que para los gobernantes constituían un riesgo de contagio para el resto de la población.

Desde el primer momento: España, Portugal, Inglaterra y Francia, cada país en distintas épocas, apostó por un colonialismo penal en función de diferentes objetivos: aumentar la población de las colonias, deshacerse de elementos considerados indeseables y obtener un utilitarismo penal de las condenas. Unos objetivos de los que la corona española se apartó pronto mediante la prohibición de pasar a las Indias aquellos individuos considerados asociales, bajo el pretexto de evitar alteraciones de la convivencia, así como, en el caso de los gitanos, impedir la contaminación que podían provocar entre los nativos americanos por sus costumbres y malas artes. Un veto que, como cualquier otro, el gitano supo soslayar.

Las demás potencias coloniales, sin embargo, mantuvieron su política penitenciaria y transformaron sus posesiones americanas en una gran prisión, donde se pretendió aprovechar su mano de obra y acrecentar la población, pero fundamentalmente, conseguir la gran panacea de "limpiar" sus metrópolis de elementos considerados problemáticos y delincuentes.

1. EL EFÍMERO COLONIALISMO PENITENCIARIO ESPAÑOL

1.1. La primera etapa de colonización

Con anterioridad a la Pragmática de 1499, con la que se inició oficialmente la represión del Pueblo Gitano en España, en 1497 ya había una temprana presencia gitana en tierras americanas, enmarcada dentro del intento de los Reyes Católicos de desarrollar una política penitenciaria en ellas; una vez que tuvieron conciencia de las dimensiones del descubrimiento colombino, y de la urgente necesidad de poblar las tierras recién descubiertas para consolidar su dominio.

Ante la escasez de colonos voluntarios para poblar las nuevas tierras, los reyes improvisaron una política colonizadora de la forma más rápida y sencilla, promulgando una serie de provisiones con objeto de transferir población penal a sus nuevos dominios.

Hasta la disposición de 1499, por la que los Reyes Católicos ordenaron la salida de Castilla de los egipcianos en un plazo de 60 días para aquellos que no tomaran señor y ejercieran "oficios conocidos". En cuanto a aquellos que contravinieron la orden o delinquieron y fueron condenados por la justicia, tuvieron la oportunidad de acogerse al indulto de 22 de junio de 1497, por el que se mandó "que cada y cuando alguna o algunas personas, así varones como mujeres de nuestros reinos hubieren cometido o cometieren cualquier delito o delitos porque merezcan o deban ser desterrados, según derecho o leyes de nuestros reinos, para alguna isla o labrar y servir en los metales, que los desterréis". Convictos que, "según la calidad de los delitos", podían ser condenados a destierro en la isla de La Española. Así, según su gravedad, se estableció para los desterrados perpetuamente, una estancia de diez años; y para los que lo eran por algún tiempo determinado, una reducción de la mitad de dicho tiempo. Sin embargo, a pesar de esta ventaja penitenciaria, no fue suficiente el número de desterrados que de buena o mala gana quisieron pasar a las Indias para "estar y servir en la dicha isla Española, en las cosas que el dicho almirante de las Indias -Colón- dijere y mandare".

Un déficit que quiso paliarse mediante la extensión del indulto para los culpables de crímenes relacionados con muertes o heridas, excepto los relacionados con herejía, lesa majestad, falsificadores de monedas, sodomitas, etc. Su estancia se graduó con relación al delito cometido: dos años para los que mereciesen la pena de muerte, y de un año para los merecedores de una pena de menor cuantía - "aunque sea perdimiento de un miembro". A cambio, se les perdonaba "cualesquier crímenes y delitos, y de cualquier manera y calidad y gravedad que sean". Igualmente, se les restituía "en su buena fama"[13].

De esta forma, los primeros gitanos que pisaron tierra americana llegaron con Colón en su tercer viaje conforme a dicha real cédula de 22 de junio de 1497, se beneficiaron de la conmutación de sus penas por

---

13 FERNÁNDEZ SOTELO, Rafael Diego (1987). *Capitulaciones colombinas (1492-1506)*, Méjico: El Colegio de Michoacán A.C., pp. 137-138.

su conversión en colonos para explotar las nuevas tierras descubiertas. Así, el 30 de mayo de 1498, entre los 300 hombres y 30 mujeres que compusieron dicha expedición, se hallaron los gitanos Antón, Macías, Catalina y María de Egipto, todos ellos condenados por homicidio. A partir de cuyo día, La Española, Santo Domingo e islas aledañas se convirtieron en la meta final de un viaje iniciado varios siglos antes por sus ascendientes indo-asiáticos.

A estos pioneros es probable les siguieran otros, ya que, a los contraventores de la orden de 1499, se les estableció, además de la pena de cien azotes, el destierro perpetuo para el caso de no acatar la disposición real la primera vez; y aunque no se especificó a qué territorios serían extrañados, es probable que este destierro comprendiera las Indias españolas.

Con la creación de la Casa de Contratación en 1503, se comenzó a vigilar el cumplimiento estricto de la legislación en cuanto a las minorías étnico-religiosas de moriscos, judíos, gitanos y protestantes; exigiendo testimonios a todos los que pretendieran pasar a América, documentos que debían demostrar la condición de ser cristianos viejos[14]. Además, comenzó a considerarse

---

14 MARTÍNEZ SHAW, Carlos (1994). *La emigración española a América (1492-1824)*, Colombres: Archivo de Indianos, p. 35.

contraproducente la inmigración gitana, por temer la corona, que su forma de vida pudiera arraigar con fuerza entre una población indígena, que ya en esas fechas, empezaba a mostrar una actitud contraria al trabajo y al asentamiento fijo, tal como Isabel la Católica lo expresó en la Real Provisión de 20 de diciembre, donde se quejaba al Gobernador de las Indias, Fray Nicolás de Ovando, de que los indígenas empezaban a practicar el nomadismo "a causa de la mucha libertad que los dichos indios tienen", por lo que huían y se apartaban "de la conversación y comunicación de los cristianos, por manera que aun queriéndoles pagar sus jornales, no quieren trabajar y andan vagabundos"[15].

---

15 MARTÍNEZ DHIER, Alejandro (2011). "«Expulsión o asimilación», esa es la cuestión. Los gitanos en Castilla durante el gobierno de la monarquía absoluta", en *Revista de la Inquisición (Intoleracia y Derechos Humanos)*, Vol. 15, p. 206. La apreciación sobre esta "desviación" de la forma de vida entre los indígenas, la corroboró sobre 1535, el cronista y viajero alemán Ülrico Schmidl, integrante de la tripulación de Pedro de Mendoza en su conquista de los territorios del Río de la Plata;, al comprobar que los indios querandíes no tenían "un paradero propio en el país"; pues vagaban "por la tierra, al igual que aquí en los países alemanes, los gitanos". En GALLETTI, Patricia (2921). "Los gitanos como otro y como horizonte de otredad en la Hispanoamérica colonial (s. XV a XIX)", en *International Journal of Roma Studies*, 3(2), p. 120.

Se abrió entonces una etapa contradictoria, durante la cual convivieron las políticas de restricción de individuos considerados indeseables y la de extrañamiento de convictos. Una práctica que aun en 1528, Carlos I siguió manteniendo a través de la imposición de penas de destierro perpetuo a las Indias, para aquellos *vagamundos* españoles "que no tuvieren amos", instando a la Audiencia de México, a que cumpliera con las Ordenanzas para el buen gobierno de los indios[16].

Finalmente, la corona, sopesando los efectos no deseados que se derivaban de la introducción de convictos, renunció a este tipo de política colonizadora y se decantó por el asentamiento de familias de campesinos y artesanos, abandonando la posibilidad de que sus colonias americanas se convirtieran en una especie de prisión para los delincuentes metropolitanos. Un cambio en el que también tuvo que ver, la instauración en 1535 de la pena de seis años de galeras para los reos de edades comprendidas entre los veinte y los cincuenta años, a fin de hacer frente a la amenaza turca y berberisca en las costas mediterráneas. Una urgencia que requirió el envío de forzados gitanos a través de

---

16 SZASZDI LEÓN-BORJA, István (2009). "Los gitanos en la España del siglo XV y su vinculación a Hungría", en *Estudios de Historia de España*, Vol. XI, pp. 194-195.

la pragmática de 1539, con lo que se puso fin de forma provisional, a los debates relativos a su expulsión y control para que no "anden por las ciudades, villas y lugares de ellos, vagando, y hurtando, y diciendo que son adivinos"[17]. A ello se sumó el Papa Pablo III a través de la bula "Sublimis Deus" de 1537, declarando que los indígenas americanos eran hombres dotados de racionalidad a quienes se debía catequizar, con derecho a su libertad y posesión de bienes. Una bula que reforzó las denuncias de dominicos como Domingo de Betanzos, Bartolomé de Las Casas o Francisco de Vitoria, erigidos en defensores de los indígenas americanos. Unos discursos que influyeron en Carlos I para establecer en 1542 las *Leyes Nuevas de Indias*[18].

Como consecuencia, a pesar del despoblamiento y la falta de mano de obra especializada[19], se estableció un rígido filtro para controlar el trasvase de personas desde

---

17 *Novísima Recopilación de las Leyes de España* (en adelante *NR*), libro XII, título XVI, ley XIII «En que se alteran las penas de la ley pasada contra los egipcianos»; *NR*, lib. XII, tit. XVI, ley II, «Pena de los egipcianos que no cumplieren lo mandado en la ley precedente».

18 Estas leyes pretendieron reformar el gobierno de las Indias y proteger a los indios.

19 La escasez fue verdaderamente acuciante, especialmente en oficios mecánicos rechazados y despreciados por los hidalgos, o por aquellos que aspiraban a la hidalguía.

la península a América. Una política que en ocasiones, con la anuencia real y de la Casa de la Contratación, se orillaba con el fin de aliviar este déficit.

1.2. Un caso de inmigración legal: el herrero Jorge Leal y familia

A pesar de la gran necesidad de colonos para el despoblado Nuevo Mundo, existió un poderoso filtro que solo permitió el asentamiento de españoles honrados[20], pero no todos estos estuvieron dispuestos a emprender una nueva vida en las Indias. Este déficit humano repercutió en la escasez de mano de obra especializada, como lo fue en el caso de los maestros herreros. Un caso bastante ilustrativo de esta situación sucedió en 1602, cuando Pedro de Valdés, gobernador de la isla de Cuba[21] intentó sin éxito trasladar a aquella isla doce casas de oficiales de este ramo, sin que nadie aceptara desplazarse a hasta allí sin obtener ventajas[22]. Solo un maestro herrero estuvo dispuesto a acompañar en su viaje al gobernador: el trianero Jorge Leal. Sin embargo,

20 Archivo General de Indias (en adelante A.G.I.), *México*, 20, N.68
21 Pedro de Valdés fue gobernador y capitán general de Cuba entre 1602 y 1608. Le sustituyó Gaspar Ruiz de Pereda.
22 A.G.I., *Contratación*, 5272, 1, R. 43, f. 1 r.

existía un inconveniente que le inhabilitaba para tal fin: era de "casta de gitanos". A pesar de todo, no supuso obstáculo alguno para que Pedro de Valdés consiguiera su propósito, al argumentar que Jorge Leal sería "muy necesario para la obra y de los castillos" de La Habana[23], lo que fue suficiente dada la delicada situación en que se hallaba toda la isla de Cuba y demás enclaves caribeños ante los ataques franceses e ingleses[24].

Siguiendo los trámites indispensables para obtener la licencia, Jorge Leal presentaba su solicitud, así como la autorización para que con él pasasen su mujer Magdalena Fernández y sus dos hijos, Fabián y Sebastián de Heredia. Igualmente, se obligaba a residir en La Habana sin hacer ausencia de ella[25]. Admitida esta justificación, Jorge Leal presentó a continuación a tres testigos, también gitanos residentes en Triana:

23 A.G.I., *Contratación*, 5272, 1, R. 43, f. 2 v.
24 Tras los ataques del corsario francés Jacques de Sores en 1554, en los que ocupó Santiago e incendió La Habana, la inseguridad continuó en 1582 con ocasión de la guerra contra Inglaterra, Francia y los Países Bajos holandeses. Para defensa de La Habana se construyeron los castillos de la Punta y el Morro, ya operativos en 1595 para resistir a la expedición de Drake y Hawkins. SANZ TAPIA, Ángel (1991). "Las Antillas en el siglo XVI", en NAVARRO GARCÍA, Luis (Coord.), *Historia de las Américas*, Madrid, pp. 94-95.
25 *Ibídem*, f. 1 r.

Pedro Juárez, Juan Greciano y Sebastián de Heredia, los cuales corroboraron que conocían a Jorge Leal de muchos años atrás, y cómo su matrimonio era legítimo, pues estuvieron presentes en su celebración. Uno de ellos, Juan Greciano, apuntó que velaron en la iglesia de Santa Ana, y que fruto de su unión, tuvieron "por sus hijos legítimos del legítimo matrimonio, a Fabián y Sebastián de Heredia", los que eran "solteros y por casar", no "sujetos a religión" como clérigos ni frailes[26].

Obtenida de forma definitiva su licencia para trasladarse a Cuba como maestro herrero, Jorge Leal compareció el 13 de marzo de ese año para otorgar su carta de obligación, reiterando cómo una vez en La Habana con su familia, residiría "en la dicha ciudad todo el tiempo que S.M. mandase y fuere servido, y no saldrá sin su licencia y mandado de persona que se la pueda dar, y usará el dicho su oficio de tal herrero", para lo cual obligó su persona y bienes[27].

Superados los obstáculos legales, Jorge Leal y familia lograron cruzar el Atlántico y bien pudieron sentar el precedente para allanar el camino de otros gitanos, que bien pudieron ser los testigos anteriormente nombrados, igualmente oficiales herreros. También tenemos

---

26 *Ibídem*, f. 3 v.
27 A.G.I., Contratación, 5272, 1, R. 43, f. 1 r.

constancia de otro Jorge Leal, del que se dice era clérigo presbítero, el cual solicitaba el dos de junio de 1631 a la Casa de Contratación en Sevilla, se le permitiera a su criado Juan Jiménez de Vargas, pasar con él "a las provincias del Perú". Una autorización que le fue concedida al día siguiente, una vez examinados los testigos presentados y haber declarado dicho Juan, ser cristiano viejo y no ser "descendiente de los Pizarros y de los prohibidos"[28]. Ocho años después encontramos en galeras, condenado por la justicia de Cádiz a servir diez años al remo "por haber hecho cierta resistencia, robo y salteamiento", a otro Jorge Leal, inscrito como gitano[29], y aunque es muy probable que no fuera el anterior, sí puede que fuera nieto del primer Jorge Leal e hijo de Sebastián.

1.3. Gitanos en la flota de Indias

Es bien conocida la ocupación de pífano y tambor entre los gitanos de Sevilla y Cádiz[30]. En las postrimerías

28 A.G.I., *Contratación*, leg. 5412, nº. 34.
29 Archivo del Museo Naval de Madrid, *Libro General de Forzados*, nº. 13, f. 74 v.
30 Los tambores y pífanos de las compañías, desempeñaron un importante papel, tanto en tierra como en el mar. A bordo de los barcos, el sonido de los tambores servía para comunicar órdenes o rendir honores, así como animar a los soldados y a la

del siglo XVII hallamos en esta última provincia los tambores Mateo Navarro y su hijo Diego[31]. El primero ejercía su actividad en el presidio de Cádiz en la compañía de Francisco Cepeda[32], en tanto su hijo, que había decidido seguir el oficio de su padre, se embarcó en 1699 con plaza también de tambor en la compañía del capitán Francisco Gutiérrez del Mazo, perteneciente al galeón Nuestra Señora de las Mercedes, Capitana de la flota de Indias, comandada por el general Juan Bautista de Mascarúa[33]. La Flota zarpó de Cádiz el 19 de julio de 1699 con destino a Nueva España, llegando a Veracruz a finales del mes de septiembre. Una vez en este puerto, no sabemos las circunstancias, debió caer enfermo durante el trayecto o una vez desembarcado. Lo cierto es que fallece y es enterrado en esa ciudad el 21 de junio del citado año, no sin haber tenido tiempo de recibir los Sacramentos[34]. Los gastos del entierro y

---

tripulación en el combate.

31 Diego Navarro era hijo del susodicho Mateo Navarro y de Gracia María Malla. Nació en Cádiz el 22 de diciembre de 1680 [A.G.I., *Contratación*, 974, *Testamento y almoneda de Diego Navarro, tambor, gitano*, f. 3 r.].

32 *Ibídem*, f. 4 r.

33 *Ibídem*, f. 6 r.

34 El paso del Atlántico, al margen de los peligros asociados a la navegación, suponía un riesgo de transmisión de enfermedades infecciosas, debido a las condiciones de hacinamiento a

la sepultura fueron abonados por Juan Rodríguez, posiblemente su cabo de escuadra[35].

En el expediente iniciado a petición de Mateo Navarro para poder cobrar los remates del sueldo del difunto Diego, así como los "ahorros de vino"[36], podemos constatar en el asiento que Diego hizo al embarcarse, este se registró en la lista de viaje con el nombre de Rodrigo de Pineda, sin venir "con la información que presenta su parte" –Mateo Navarro-. Un formalismo del que se dijo, era algo habitual en este

---

bordo. Un. En GIL-BERMEJO, J. Y PÉREZ-MALLAÍNA, P. E. (1985). "Los andaluces en la navegación trasatlántica: la vida y la muerte en la carrera de Indias a comienzos del siglo XVIII", en *Actas de las IV Jornadas de Andalucía y América*, T. I, Sevilla: Universidad de Santa María de la Rábida, pp. 283-284.

35 *Ibídem*, f. 4 v. Para casos como el de Diego Navarro, se fijaron obligaciones y responsabilidades a capitanes, maestres y escribanos para que los enfermos hiciesen testamento e inventarios de bienes para los casos de abintestato. GIL-BERMEJO, J. Y PÉREZ-MALLAÍNA, P. E. (1985). "Los andaluces...", pp. 288-289.

36 *Ibídem*, f. 6r. La cantidad total ascendía, según Mateo Navarro, a 238 reales de plata. No conocemos la cifra final de los remates pendientes, pero sí sabemos que Mateo cobró lo que había solicitado. La ración de vino que se debía entregar diariamente a los marineros no era normalmente consumida, sino que, debido al alto precio que alcanzaban los vinos andaluces en los puertos americanos, los marineros preferían ahorrarla y venderla al llegar.

género de gente, ya que "nunca sientan las plazas con claridad"[37]. Una apreciación que induce a sospechar la presencia de un significativo número de gitanos en la flota de Indias, donde a pesar de reconocerse que no sentaban sus plazas "con claridad", no se les ponían demasiados obstáculos para formar parte de las compañías embarcadas.

Otro gitano, pífano en esta ocasión, se enroló a inicios del siglo XVIII en la nave almirante de la flota de José Fernández de Santillán[38]. Estando en Veracruz, tuvo un enfrentamiento con un tambor de origen berberisco, también perteneciente a la misma nave, por la disputa de una pequeña cantidad de dinero, motivo más que suficiente para discutir por ello, ya que las soldadas de las invernadas, según testimonio recogido en la causa, apenas podían "suplir los gastos precisos y ordinarios de zapatos, ropa limpia y alguna

37 *Ibídem*, f. 6 r.
38 Esta flota tenía como misión transportar el tesoro a España y defender a los mercantes del ataque de los enemigos. Consistía en ocho galeones fuertemente armados para escoltar hasta Canarias, las flotas de Nueva España y Tierra Firme para repostar, y más tarde, aprovechando los vientos alisios, llegar hasta la isla de Trinidad, donde la flota se dividía hacia Veracruz y a Portobelo o Cartagena de Indias.

cosa que haga sensual el caldero"[39]. El trágico desenlace culminó con la muerte del pífano gitano, a causa de una puñalada asestada traicioneramente por la espalda a manos de su oponente berberisco[40].

Una de las principales razones que pueden explicar el alistamiento de elementos gitanos entre la marinería y compañías a bordo, se halla en el hecho de conseguir un transporte gratuito a tierras americanas, así como eficaz estrategia para burlar el control del tránsito a Indias que había establecido la Casa de la Contratación. Las dificultades por conseguir reclutas impulsaron a algunos capitanes, a alistar personas que no reunían los requisitos legales, como los conversos, casados, los ancianos, los tullidos de toda índole y los gitanos[41].

Los empleos de tambor y pífano parecen indicar una mayor estabilidad en dichos servicios, lo que nos induce a descartar, que entre esta clase de militares existiera una motivación puramente interesada de burlar la prohibición, algo que sí sucedería en los casos

---

39 GIL-BERMEJO, J. Y PÉREZ-MALLAÍNA, P. E. (1985). "Los andaluces...", p. 282.

40 *Ibídem*, pp. 295-296.

41 Una de las mayores consecuencias de este deficiente alistamiento fue la alta deserción que se produjo, lo que derivó en una pérdida de la capacidad defensiva de las ciudades y puertos americanos.

de marinería y soldados que carecían de graduación. En el caso de los gitanos, su enrolamiento en las compañías de la flota de Indias, pudo consistir en una estrategia más para soslayar la difícil situación que esta minoría étnica sufría en la España de los siglos XVI y XVII[42], agravada por las consecuencias de las crisis de subsistencias que se sucedieron en esta época; lo que ya de por sí, era suficiente reclamo para aventurarse en el Nuevo Mundo, donde apenas se sufrían carencias.

1.4. El debate sobre la solución final: expulsión o exterminio biológico

El debate sobre la pobreza durante la Edad Moderna fue trascendental en el proceso que terminó por configurar la imagen negativa del gitano. Un bagaje ideológico que fue asumido por individuos procedentes de los sectores más influyentes de la sociedad del momento, cuyas opiniones y propuestas sirvieron para fundamentar la represión que se emprendió contra este grupo étnico. Arbitristas, políticos, autores literarios y eclesiásticos,

---

42 Son conocidos los casos de gitanos enrolados en los tercios de Flandes en circunstancias similares. En MARTÍNEZ MARTÍNEZ, Manuel (1998). *La Minoría Gitana de la Provincia de Almería durante la Crisis del Antiguo Régimen (1750-1811)*, Almería: Instituto de Estudios Almerienses, pp. 54-62.

exigieron la adopción de medidas para conseguir su control, represión y eliminación como comunidad étnico-cultural, un objetivo que fue consolidándose durante el último cuarto del siglo XVI y la primera mitad del XVII, cuando su consideración social y jurídica quedó homologada a la de los marginados sociales y delincuentes comunes[43].

A partir de este momento, las Cortes se convirtieron en receptáculo de todo tipo propuestas para deshacerse de los gitanos como identidad. Y aunque las propuestas más extremas como el exterminio biológico y la expulsión no prosperaron, no quedaron olvidadas, en espera de volver a ser retomadas, tal como haría el sacerdote Manuel Montilla de Salas, autor de una exposición que en mayo de 1674 dirigió a la regente del reino, en la que sugirió diferentes medidas fundamentadas en su experiencia como juez seglar, sacerdote y abogado[44], ante el incumplimiento de las leyes promulgadas por parte de justicias y tribunales.

---

43 MARTÍNEZ DHIER, Alejandro (2007). *La condición jurídica de los gitanos en la legislación histórica española. (A partir de la Pragmática de los Reyes Católicos de 1499)*, Tesis doctoral, Granada: Universidad de Granada, p. 159.
44 Archivo Histórico Nacional de Madrid (en adelante A.H.N.), *Consejos*, Leg. 51442 (I), 6.

Así pues, el debate sobre la solución definitiva al "problema gitano" se mantuvo abierto por arbitristas laicos y seglares, así como por los representantes a Cortes, quienes se hicieron eco de las quejas vecinales. Una confluencia de denuncias que mantuvo subyacente la idea de expulsión, calificada por el licenciado Antonio Franco, como una medida "utilísima" y necesaria, por el incumplimiento de los gitanos respecto a las condiciones de vecindad, así como por los daños y los robos que les eran atribuidos[45].

En este estado de cosas, la llegada de la dinastía borbónica mantuvo la represión de la forma de vida gitana e intensificó la política represora, intentando reducir a los gitanos a unas determinadas poblaciones, para posteriormente, ante su fracaso, emprender la prisión general de gitanos del verano de 1749 para su expulsión a las colonias americanas. Un plan que acabó transformándose en un frustrado intento de exterminio, al que Carlos III puso fin en 1765. Un proyecto impulsado por el gobernador del Consejo de Castilla y obispo de Oviedo, Gaspar Vázquez de Tablada, quien, desde su llegada a la presidencia, responsabilizó a las justicias de consentir los desórdenes que producían

---

45 MARTÍNEZ DHIER, Alejandro (2007). *La condición jurídica...*, pp. 260-261.

los gitanos y permitirles realizar cambios y trueques de cabalgaduras, dejándoles salir de sus vecindarios para acudir a romerías u otros lugares[46]. Unas acusaciones que fueron resultado de la sensación de fracaso y de inutilidad de cuantas medidas legales se pudieran adoptar en un futuro para reducir a esta minoría a la forma de vida mayoritaria. Decidido el Consejo a realizar en 1745 un cambio de estrategia, se procedió a la apertura de un expediente para recoger todas aquellas propuestas encaminadas a acabar definitivamente con el "problema gitano" y hacer desaparecer el "gitanismo". Así se lo planteó el Consejo de Castilla a Fernando VI en julio de 1749, justificando la prisión general por haber fracasado "todas las disposiciones y órdenes que se han dado para contener el vago y dañino pueblo que infecta a España de gitanos", pues habían demostrado ser incorregibles, no hallando mejor solución para "curar tan grave enfermedad", que "exterminarlos de una vez" e impedir continuaran "en sus feos delitos [...], perturbando el sosiego del país"[47].

Decidido el Consejo a emprender una expulsión como la realizada en Portugal unos años antes.

---

46 Real Academia de Ciencias Morales y Políticas de Madrid, Mss. 41435.

47 *Ibídem.*

Ensenada, que tenía en mente otro destino para los gitanos, en julio de 1749 recabó información al duque de Sotomayor, embajador de España en Lisboa. Este le confirmó, cómo se había dado orden para expulsar los ciganos portugueses a Brasil y a las colonias africanas, lo que no fue "suficiente remedio para impedir los excesos de aquella gente", pues "con su inquietud alborotaron todos aquellos parajes, y poco a poco, volvieron aquí muchos de ellos"[48]. Vista esta respuesta, Ensenada convenció al Consejo para desechar la idea de la deportación a América, justificando el cambio de criterio por los siguientes inconvenientes:

> "1º, de que si en España viven mal, en Indias vivirán peor y pervertirán a los pobres indios.
>
> 2º, que, como gente atrevida tiranizarían a los del país y será menester enviar tropa para sujetarlos.
>
> 3º, que se unirán con ingleses, franceses y demás extranjeros para facilitar el comercio ilícito.
>
> 4º, que serán como los mamelucos de San Pablo en el Brasil, que han destruido tantos pueblos cristianos haciéndolos esclavos, y vendiéndolos a las naciones"[49].

---

48   Archivo General de Simancas (en adelante A.G.S.), *Guerra Moderna*, Leg. 5057.
49   *Ibídem*.

Desechada la deportación a América, se estudió distribuirlos por la península sin permitirles residir en lugares grandes, por creer seguirían con su ociosidad y sus "excesos", por no existir suficientes ministros de justicia para controlar sus actividades. También se desaconsejó instalar una familia en cada uno de los lugares de pequeña población, por suponer que acabarían infestando "todo el reino, por ser gente embaucadora y supersticiosa que corrompería las inocentes costumbres de las aldeas y villas". Por todo ello, se decidió enviarlos a vecindarios cerrados con toda su familia para que adoptaran las costumbres y los oficios de sus naturales, debían tratarlos "como a vecinos y no como a forzados", si bien, quedarían sometidos a una especie de toque de queda para recogerse "a cierta hora [...] al toque de la oración", como se hacía "con los judíos fuera del reino"[50].

Se retomó la opción de enviar a los varones de edades comprendidas entre los 12 y los 60 años a los presidios de las plazas norteafricanas, así como a las obras públicas a los que sobrepasaran esta última edad y conservaran alguna fuerza. En cuanto a las mujeres, se les recluirían en casas o fortalezas, donde debían

50   MARTÍNEZ MARTÍNEZ, Manuel (2014). *Los gitanos y las gitanas...*, p. 139.

vivir "por castigo en este encierro", ocupándolas "en las obras mujeriles" y permitiéndoles tener con ellas a sus hijos menores de seis años, hasta que cumplida esta edad ingresaran en "hospicios u otra casa de piadosa fundación", donde pudieran ser instruidos en la doctrina cristiana y destinados al oficio que consideraran conveniente los dirigentes de la institución[51].

Consumada la redada de los gitanos en territorio peninsular, numerosas quejas y críticas de todo tipo llovieron sobre la operación desarrollada, obligando al Consejo a establecer una clara distinción entre gitanos arreglados a las pragmáticas y gitanos contraventores, replanteándose el proyecto de exterminio, señalando los destinos que debían tener aquellos que resultaran indignos de alcanzar la libertad. Una tarea que asumió Ensenada, quien terminó solapando el proyecto, con su plan de revitalización de la Armada naval española, a fin de obtener la mano de obra extra y barata que ofrecían los miles de gitanos que se hallaban presos[52]. De esta forma, quedó descartada la solución americana propuesta en 28 de diciembre de 1749 por Félix Esteban

51 A.G.S., *Guerra Moderna*, Leg. 5057..
52 En principio, Ensenada era partícipe de extrañar a los gitanos fuera de la península, tanto a América, como a los presidios norteafricanos. En MARTÍNEZ DHIER, Alejandro (2007). *La condición jurídica...*, pp. 322-323.

Carrasco, secretario general de la capitanía del duque de Caylús, capitán General del reino de Valencia, para adoptar un penitenciarismo colonial similar al modelo inglés, por el que se contemplaba la deportación de los mayores de 18 años para ser destinados "en las minas por cuenta del rey y cultivar tanto terreno inculto"[53].

1.5. El fin de la prohibición

Finiquitado el intento de exterminio por Carlos III en 1765, se procedió a emprender una política menos severa, para cuyo diseño y estudio de los posibles destinos para los gitanos, se encargó a los fiscales del Consejo Lope de Sierra Cienfuegos y Pedro Rodríguez Campomanes. En sus informes, además de reproducir numerosos clichés peyorativos, tampoco proporcionaron con una solución inmediata y definitiva; si bien, sus aportaciones constituyeron la base del *expediente general de gitanos*[54] que culminaría con la pragmática de 1783.

---

53 GÓMEZ ALFARO, Antonio (1999). "Veto español a la presencia de gitanos en el nuevo mundo", en *Deportaciones de gitanos*. Madrid: Presencia Gitana, 1999, p. 24.

54 Resulta imprescindible para una mayor profundización de este apartado, la consulta de la tesis doctoral de Antonio Gómez Alfaro (1989): *El expediente General de Gitanos* (tesis doctoral), Madrid; y su artículo: "La polémica sobre...", pp. 1-29.

La respuesta de Lope de Sierra resultó ser bastante escueta y conservadora, con cierto desconocimiento del asunto gitano. Aunque contrario a la propuesta de expulsión, los consideró indignos de todo perdón, por lo que sugirió mantener la represión y volver a la antigua política de dispersión de las familias gitanas por el territorio peninsular, a razón de una sola familia en localidades que contaran con menos de 300 vecinos y estuviesen lo suficientemente distantes unas de otras "para evitar la comunicación" entre ellas, sin permitir a sus justicias por "motivo alguno, por urgente que sea", conceder licencias para salir de sus domicilios. En caso de que acudieran a poblaciones "donde hubiere familia de esta gente", apresarlos y formarles causas. Igualmente, se mostró partidario de liberar a los que todavía permanecían en las minas del Almadén y en los presidios norteafricanos, siempre y cuando "hubieren cumplido el tiempo porque fueron condenados a estas penas". En el segundo punto, es donde se produjeron las mayores discrepancias con Campomanes, al no considerar conveniente la deportación de los gitanos del reino, ni el mantenerlos en presidios y en pueblos cerrados.

Todas estas propuestas no aportaron nada nuevo, ni avanzaron hacia la solución definitiva para acabar con un conflicto abierto desde 1499. En Lope de Sierra, la influencia de arbitristas y memoralistas es clara. Les negó su identidad étnica al considerarles "españoles por su naturaleza y origen"[55], recogiendo igualmente la idea de "contagio" de la forma de vida de los gitanos, la que según expresó, era una "habitual enfermedad que padece el cuerpo político de este reino", que debía tratarse y "curar".

Los medios propuestos para librarse "de este género de gente tan perniciosa", volvían a recoger el espíritu de la orden de prisión de 1749. Es decir, la segregación por sexos, excepto en los casos de las mujeres casadas eclesialmente con sus maridos e hijos. En cambio, a las viudas y las solteras huérfanas, debían quedar en hospicios y en casas de misericordia. Por último, los niños de 12 años en adelante, serían aplicarlos "a los oficios que convengan o al servicio de la marina", permaneciendo los menores de esa edad junto a sus madres hasta alcanzar dicha edad[56].

---

55 MARTÍNEZ DHIER, Alejandro (2011). "Expulsión o asimilación...", p. 216.
56 MARTÍNEZ MARTÍNEZ, Manuel (2014). *Los gitanos y las gitanas de España a mediados del siglo XVIII. El fracaso de un proyecto de "exterminio" (1748-1765)*, Almería: Universidad de Almería, p. 137.

En cuanto a la respuesta de Campomanes, esta constituyó la base y el eje central del expediente, como punto de partida de la futura pragmática de Carlos III. Al igual que Sierra, su informe estuvo también marcado de tintes claramente represivos a la antigua usanza, ya que proponía mantener algunos aspectos de la orden de exterminio de 1749, de cuyo fracaso se lamentó de la facilidad que tuvieron los gitanos para eludir sus destinos. Por esta razón, no fue partidario de reducirlos a vecindarios abiertos, ya que "la experiencia que se tiene de lo ocurrido hasta aquí con los gitanos avecindados", había demostrado que las provisiones concedidas por el Consejo solo habían servido para que continuaran con su forma de vida, sin que sus justicias pudieran "contenerles en sus excesos"[57]. Como solución, Campomanes propuso que los gitanos, una vez cumplidas sus condenas en presidios y arsenales, debían quedar retenidos en ellos, a cuyo término, debían reunirse "con sus mujeres y familias" para emplearse en diferentes oficios. Se trataba en la práctica, de convertir las poblaciones en grandes cárceles de las que no podían salir con ningún tipo de autorización. Además, cada grupo de diez familias debía quedar bajo el control de "un vecino celoso o

---

57 A.G.S., *Secretaría de Marina*, Leg. 723.

cabo militar" con "alguna jurisdicción o autoridad", que debía velar por inclinarlos al trabajo, y dar aviso "de cualquier exceso de los individuos de estas familias puestas a su cuidado". También intentó Campomanes implicar a los párrocos, los que además de completar su labor doctrinal, debían comprometerse a aplicar un programa aculturador, para que tomaran un oficio y vivieran como los demás vasallos del rey[58].

Partidario de la deportación a América, recogió parte de sugerencias planteadas dos décadas atrás[59], y propuso dar este destino a aquellos que no fueran acreedores de la benevolencia real, por lo que sugirió la apertura de expedientes secretos a cargo de las justicias

---

58 *Ibídem.*

59 Fray Martín Sarmiento en su *Impugnación del escrito de los abogados de La Coruña contra los foros benedictinos* expresaba como *"ociosos y gitanos"* deberían haber contribuido a la población de las colonias americanas, dejando a España libre de esta gente. En RODRÍGUEZ ENNES, Luis y ALLEGUE AGUE-TE, Pilar (1992). "Reflexiones sobre algunas ideas punitivas del P. Sarmiento", en *Anuario de derecho penal*, Vol. 45, fasc/mes 3, pp. 875-876. Otro autor de mayor peso fue Bernardo Ward, quién, por las mismas fechas, en su *Proyecto Económico*, apuntaba la idea de que los gitanos recogidos en 1749 deberían haber sido enviados a las orillas del Orinoco para formar pequeñas poblaciones, en las que los hombres podrían dedicarse a la pesca, y las mujeres al salazón del pescado. En GÓMEZ ALFARO, Antonio (1982). "La polémica sobre...", pp. 12-13.

locales y de los párrocos, sugiriendo el nombramiento de "un juez particular de los gitanos"; el cual sería el responsable del envío de los más rebeldes a los departamentos de marina, para desde allí, embarcarlos hacia América. En cuanto a los gitanos que habían alcanzado su libertad tras la reconducción de la redada de 1749, serían deportados a "las colonias de la Luisiana, islas de Cuba, Santo Domingo, Puerto Rico, la Margarita, la Trinidad, a la orilla del Orinoco, población de la bahía de San Julián e islas de Juan Fernández, en la mar del Sur"[60]. Los que se declararan inútiles para trabajar, debían recluidos en hospitales a expensas de la caridad pública; y las mujeres, una vez elaborada una lista con los nombres y edades de todas aquellas que aún se hallaban, tanto en los depósitos, como las que andaban vagando, para que a su vista, enviar a las colonias americanas a las menores de 17 años y se casaran con los naturales del país "y nunca con gitanos", estableciendo tanto a los varones, como a las hembras "en islas o colonias tan remotas de los demás establecimientos del continente, que por su situación no les permitan vagar", y así poder controlar mejor "su conducta con celo y exactitud". Los niños y jóvenes varones, "de los que están permitidos en el reino" y que se hallaban sin

---

60 *Ibídem*, p. 10.

"oficio conocido y no afectado", propuso su extrañamiento a las colonias para casarlos "con los naturales del país y no entre sí, con la advertencia de no poner muchos en cada pueblo". Un planteamiento que hacía persistir el espíritu de la redada de 1749 para conseguir extinción de la etnia gitana, mediante la separación por sexos para evitar la reproducción de la etnia; de paso, cumplir dos objetivos: "aumentar la población de aquellas colonias y desarraigar de España" a los individuos considerados perniciosos y vagantes, con el fin de convertirlos en pobladores útiles "con gran provecho suyo y ventaja del Erario Real y de aquellos dominios".

La deportación gitana a América, no obstante, acabó siendo desechada definitivamente solo cinco años más tarde, cuando los nuevos secretarios de Marina e Indias, José Gálvez y González Castejón, a consulta del rey, se mostraron contrarios a ponerla en práctica, pues en el caso de Gálvez, este se advirtió la inconveniencia de enviar a las colonias a unas gentes "que no han podido sujetarse en la península, y que serían capaces, colocadas en América, de alterar la constitución y seguridad de aquellos grandes dominios"[61], lo que suponía simplemente trasladar el "problema" de un espacio a otro.

---

61 *Ibídem*, p. 24.

El triunfo de esta tesis supuso la confirmación de la política emigratoria hacia América aplicada durante los siglos anteriores, basada en mantener limpias las tierras americanas de elementos conflictivos que pudieran alterar una sociedad que se consideraba estaba bien ordenada[62].

Finalmente, la promulgación de la pragmática de 1783 dio libertad completa a los gitanos para residir en cualquier parte del reino, a excepción de la Corte y Sitios Reales. Se abandonaba de esta forma una política basada en las restricciones de domicilio y desplazamiento[63].

Aunque el peligro de la deportación americana se cerró con la independencia de las colonias, el destierro a los presidios norteafricanos se mantuvo[64], sin que la idea de la deportación a las colonias de ultramar desapareciera del todo, si no para la población gitana a nivel

---

62 Considerada América como lugar de promisión, se consideró inadecuado como lugar de castigo. GÓMEZ ALFARO, Antonio (1999). "Veto español...", pp. 32 y 35.

63 MARTÍNEZ MARTÍNEZ, Manuel (2010). "Los gitanos y la prohibición...", p. 87.

64 Los condenados a destierro con destino a presidios norteafricanos como Ceuta, Orán, Mazalquivir, Melilla, Alhucemas y Chafarinas, debían "servir" como forzados en trabajos de fortificación o como soldados en los batallones de sus guarniciones.

general, sí de una forma individual, auspiciada por el mantenimiento de la política de "colonización penitenciaria" recogida en el código penal 1822, en su artículo III, en el que se estableció que las penas de relegación perpetua y temporal[65] debían cumplirse en Ultramar, donde "los relegados podrán dedicarse libremente, bajo la vigilancia de la autoridad, a su profesión u oficio, dentro del radio a que se extiendan los límites del establecimiento penal". Sin embargo, como comentaba Cadalso, "a pesar de las prescripciones legislativas", no se había organizado nunca de un modo serio dicha colonización, pues "sólo en momentos dados, y por medida gubernativa, se han enviado a Fernando Póo[66]

---

65   El intervalo de tiempo podía extenderse desde los doce años y un día hasta los veinte años, entendiéndose la condena perpetua en treinta años.

66   Este destino penal tuvo continuidad en el tiempo. El 9 de julio de 1861 se publicó en la *Gaceta de Madrid* una Real Orden por la que se establecía un presidio en esta isla. Se pretendía fomentar la población según el modelo de colonia penitenciaria inglesa. Existe una creencia, entre los gitanos más ancianos, de que se intentó enviarlos a este lugar tras los hechos ocurridos la madrugada del 18 de agosto de 1954 en el barrio del Puente de Vallecas, con ocasión de la muerte de un sereno a manos de unos gitanos. En DONCEL, Carmen (2018). "Cuando Franco quiso mandarnos a Fernando Póo. Miedos y esperanzas en la memoria de un hombre gitano", en *Historia y Política*, nº 40, pp. 159, 163 y 169.

y a las Marianas a los conspiradores vencidos, y algunas veces a los vagos y hombres de mala conducta; pero se ha procedido siempre sin método, sin preparación ninguna»[67].

67 CADALSO y MANZANO, Fernando (1895). *La pena de deportación y la colonización por penados*, Madrid, p. 15.

2. EL MODELO PORTUGUÉS DE DEPORTACIONES A BRASIL

2.1. El inicio de la represión portuguesa

Las leyes portuguesas contra los ciganos -gitanos en portugués- promulgadas a principios del siglo XVI pretendieron impedir su entrada desde España. Y, sin olvidar a los que residían en Portugal, estos fueron expulsados sin mediar siquiera ningún tipo de juicio, castigo corporal o encarcelamiento. Ya a finales de la década de los años setenta del siglo XVI, la legislación lusa comenzó a endurecerse, y como en Castilla y Aragón, los hombres que eran presos en territorio portugués fueron sentenciados a galeras, en tanto las mujeres y los niños, lo fueron a las colonias de ultramar. Más severas fueron, no obstante, las medidas emprendidas durante la unión hispano-lusa bajo el reinado de Felipe II, a través de penas de muerte "sin recurso ni apelación", a cuantos ciganos se les hallaran en "grupos o bandas errantes"[68]. Calificados como hombres baldíos, sin vida social o económicamente productiva, acabaron incluidos dentro de las capas más marginales de la estructura social de la época[69].

La primera ley dictada contra esta minoría tuvo lugar el 13 de marzo de 1526, como respuesta a las quejas de los procuradores asistentes a las Cortes de Torres Novas de 1525, prohibiendo su entrada en el reino, bajo la amenaza de expulsión; ordenando salir igualmente a los que se encontraban ya en él. Le siguió otra de Juan III[70] en 1535, en respuesta a las quejas de los

---

68 DONOVAN, Bill (1992). "Changing perceptions of social deviance: Gypsies in early modern Portugal and Brazil", en *Journal of Social History*, 26: 1, p. 37.
69 *Ibídem*, pp. 37-38.
70 A este monarca se debe la implantación de la Inquisición en territorio portugués, ante la que comparecieron ciganos, que por no cumplir los mandamientos de la Iglesia y ejercer la hechicería, eran considerados indeseables en una sociedad jerárquica creada

representantes de los Consejos en las Cortes de Évora, disponiéndose la expulsión de los gitanos extranjeros y la prohibición a los naturales del país para vestir sus ropas y la obligación de "trabajar y aprender oficios" para abandonar la ociosidad y la vagancia[71].

Solo tres años más tarde, en 1538, en respuesta a la propuesta de los procuradores en Cortes para que "nunca entren ciganos" en el reino y evitar los "muchos hurtos que hacen y muchas hazañas que fingen saber", de lo que "la gente recibe mucha pérdida y fatiga"; se

---

por Dios. *Ibídem*, p. 5. En agosto de 1591, durante la primera visita inquisitorial a la capitanía de la Bahía de Todos los Santos, un total de once personas ciganas fueron procesadas. Una de ellas fue María Fernandes, conocida también como Violante, acusada de herejía, quien manifestó, entre otras cosas, que no creía en el juicio Final y que Dios se orinaba sobre ella. Otra mujer procesada, esta vez por bigamia, fue Inez Mendes de Andrade, natural de Bahía de Todos los Santos, hija de Francisco de Andrade e Isabel da Mota, condenada a procesionar en el auto de fe del 10 de abril de 1691 y a un destierro que no pudo cumplir por fallecer en la cárcel de Limoeiro en noviembre de ese año (Pieroni, 2000: 113). Otras ciganas encausadas fueron Maria Fernandes, Tareja Rois, Apolonia Bustamante y Brianda Fernandes. En MOREIRA LIZ, Isa Maria (2022). *As mulheres nas visitaçoes do Santo Ofício ao Brasil (1591-1599)*, Lisboa: Universidad de Lisboa, pp. 60 y 64.
71   PIERONI, Geraldo (1993). "Detestáveis na metrópole e receados na colônia: os ciganos portugueses degredados no Brasil". En *Varia História: Belo Horizonte*, nº. 12, p. 115.

promulgó la ley 24, por la que se castigaba a los ciganos y a "cualquier otra persona de cualquier nación que ande como cigano, aunque no lo sea" a la pena de azotes y pregón[72], reservando a aquellos que fueran naturales del reino, la deportación "por dos años a cada uno de los lugares de África"[73]. Un castigo que empezó nada más tomarse conciencia del pequeño tamaño y escasa productividad que presentaba la población portuguesa. Surgió entonces la idea de mejorar las "artes del reinado" mediante el reclutamiento de campesinos y trabajadores urbanos para que trabajaran más duro y con mayor rentabilidad. Además, en 1548, ante la escasez de personas para realizar determinados servicios, se permitió que los penados en Brasil pudieran servir "en los navíos de la armada o en tierra, para cualquier otra cosa", e incluso, en los departamentos de justicia y finanzas, siempre y cuando no hubieran

---

72   Esta ley contempló otras penas como el "baraço y pregón". El baraço era una soga que se ponía al cuello mientras se leía el pregón con la acusación y la sentencia. En ZAHR, Milena (2013-2017). "Os ciganos escritos na historia", en *Revista Ensaios de História*, Vol. X, nº. 1/1, p. 89.
73   Ley 29. *Que los gitanos no entren en el reino*. En LÓPES DA COSTA, Elisa (1999). "El pueblo gitano...", p. 53.

sido condenados por robo o falsificación[74]. En cuanto a oficios más especializados, un decreto del 13 de diciembre de 1590 dispuso que todos los condenados a galeras que fuesen "mineros, fundidores, artilleros [...] y todas las demás personas que tuviesen oficios de artesanos", se enviaran a la capitanía de Río São Francisco. Unas medidas con las que los delincuentes podrían purgar "sus crímenes con un trabajo útil y virtuoso"[75].

En 1557 se promulgó una nueva ley para prohibir la entrada de ciganos en Portugal y establecer la pena de galeras, volviendo a decretarse, dos años más tarde, la orden "para que los ciganos y ciganas y cualesquiera otras personas que anden en su compañía, salgan de los dichos mis Reinos en el plazo de 30 días"[76]. Una reiteración legislativa que destapa la inutilidad e ineficacia de las leyes anteriores, a pesar de la creciente severidad de los castigos, hasta culminar en agosto de 1592 con la introducción de la pena de muerte[77].

---

74 PIERONI, Geraldo (2006). *Vadios e Ciganos, Heréticos e Bruxas. Os Degredados no Brasil*, Rio de Janeiro: Bertrand Brasil, p. 46.
75 *Ibídem*, pp. 55-56.
76 COELHO, Francisco Adolfo. (1892). *Os ciganos de...*, p. 233.
77 La pena de muerte se reservó a aquellos que "sin apelación, ni agravante" debían salir de Portugal en el plazo de cuatro meses. En ZAHR, Milena (2013-2017). "Os ciganos escritos...", p. 89.

2.2. La política de deportaciones

En principio, la deportación de convictos tuvo como destino las colonias africanas. No tenemos constancia de que sus "conquistas" –así se les denominó a las colonias- en América recibieran aporte alguno de ciganos a lo largo de la primera mitad del siglo XVI. Es el año de 1562 el que es aceptado actualmente para la llegada del primer cigano a la colonia brasileña, cuando el convicto João Giciano arribó a Bahía[78]. Más tarde, en 1574, sería un tal João de Torres, condenado inicialmente a galeras, junto con su esposa Angelina e hijos[79],

---

Los ciganos portugueses se habían convertido en estas fechas en chivos expiatorios, siendo acusados sin pruebas fehacientes de toda clase de delitos. En este mismo año de 1597, los habitantes de Elvas, alborotados por los "robos de bestias y otras muchas cosas que se habían cometido desde que un grupo de ciganos acampó cerca de las murallas", al temer el concejo municipal se produjera un motín, dispuso que abandonaran "la ciudad en el plazo de tres días", y en caso de no hacerlo, proceder "contra ellos con el mayor rigor". En PIERONI, Geraldo (1993). "Detestáveis na metrópole...", pp. 116-117.

78 ZAHR, Milena (2013-2017). "Os ciganos escritos...", p. 79.
79 Durante el reinado del rey Sebastián, João Torres se benefició de una práctica habitual en aquella época, consistente en la conmutación de una pena por otra, en su petición adujo que mientras esperaba en la cárcel lisboeta de Limoeiro para cumplir los cinco años de galeras en que estaba condenado, pasaba mucha hambre y hallarse "débil y quebrantado", incapaz de "servir en la

los que fueron considerados, hasta hace poco, como los primeros ciganos conocidos que pasaron a tierras brasileñas. Un destino que João solicitó para evitar la pena de galeras pretextando estar "débil y quebrado". Aceptada la permuta, se le impuso la pena de cinco años a Brasil, permitiéndosele llevar también a su familia[80].

Estos casos parecen ser aislados, pues la deportación de los ciganos a Brasil no comenzó realmente hasta 1686[81]. Así lo atestiguan dos documentos de ese mismo año, en los que se afirma, que los ciganos iban a ser deportados también a Maranhão. Un destino con el que se pretendían, al menos, dos objetivos. En primer lugar, ubicar a los ciganos lejos de las zonas mineras y agrícolas, así como de los principales puertos marítimos de Río de Janeiro y Salvador de Bahía. En segundo lugar, se pretendió que los ciganos poblaran el interior del territorio situado al norte de la colonia

---

causa del mar", por lo que pidió y se le concedió, la conmutación de galeras por el destierro perpetuo en Brasil. Por este documento, João de Torres estuvo considerado como el primer gitano que llegó a Brasil. En TEIXEIRA, Rodrigo Corrêa (2008). *História dos Ciganos...*, p. 15. Libro digital disponible en: http://www. dhnet.org.br/direitos/sos/ciganos/a_pdf/rct_historiaciganos-brasil2008.pdf.

80 *Ibídem*, pp. 15-16.
81 *Ibídem*, p. 16.

portuguesa, en los que solo habitaban los indígenas, los que estaban considerados como más peligrosos que los ciganos[82].

La deportación caminó paralela a la pena de galeras[83], inserta dentro de la política de exclusión emprendida por la corona portuguesa[84] para evitar la entrada de

---

82 *Ibídem.*

83 En 1557 y más tarde en 1573, se prohibió a los gitanos la entrada en el reino bajo pena de galeras, al tiempo que se mandaba expulsar a cuantos ciganos se hallaren en él. En COELHO, Francisco Adolfo. (1892). *Os ciganos de...*, pp. 231-232. Por ley de 7 de junio de ley de 1606, se decretó la expulsión para los ciganos que anduviesen vagando en cuadrillas por el reino, aplicándoles, en caso de contravención, azotes para la primera vez, tres años de galeras para la segunda; y para la tercera vez, azotes y diez años de galeras. Poco efecto tuvo, pues el 13 de septiembre de 1613 se concedió un nuevo plazo de quince días para que los ciganos, tuvieran o no, licencia y vecindad, salieran de Portugal bajo la conminación de pena de azotes y galeras. *Ibídem*, pp. 237-238.

84 Esta política de extrañamiento se basó en la imagen negativa, que eruditos como Miguel Leitão de Andrada tuvieron de los ciganos. En su obra *Miscelánea do sitio de Nossa Senhora da Luz do Pedrógão Grande* de 1629, decía: "Tengo tal fastidio con esta gente, que ni siquiera quiero que se les dé limosna en la puerta, por tenerlos por indignos de ella. [...] Son casi todos ciganos, ladrones, salteadores, asesinos, sin ley, ni temor de ella, y son mujeres, fetichistas que perturban la honestidad de las esposas [...]creando en sus entrañas, estos gusanos o quiero decir víboras que continuamente les están royendo por todas partes de su

gitanos españoles como consecuencia del incremento de la represión legislativa y de la ejecución de redadas de hombres gitanos para servir al remo en las galeras[85]; circunstancias que provocaron un "aluvión de gente tan ociosa y perjudicial para su vida y costumbres, que andan armados para mejor cometer sus robos"[86]. Y, aunque en 1603 las Ordenanzas Manuelinas fueron sustituidas por las Ordenanzas Filipinas, la política seguida hasta la entronización de los Austrias españoles no fue alterada entre 1580 y 1640, periodo que comprende el reinado de Felipe II y sus sucesores Felipe III y Felipe IV. Un periodo que tuvo a Brasil como tierra de exilio[87], junto con el establecimiento de la pena de azotes y el destierro por dos años en África.

---

todo [...]. Y esto podría tener muy buen remedio, enviándolos divididos a Brasil y Angola y otras conquistas nuestras, y ahora al nuevo asentamiento de Maranhão, de pocos en pocos en cada navío que fuese, y estas malas costumbres acabarían saliendo del Reino o de ellos". *Ibídem*, p. 267.

85 MARTÍNEZ MARTÍNEZ, Manuel (2012). Los forzados de la escuadra de galeras del Mediterráneo en el siglo XVII: el caso de los gitanos, en *Revista de historia naval*, pp. 87-110.

86 PIERONI, Geraldo (2000). *Vadios e ciganos...*, p. 111.

87 No todos los ciganos del siglo XVII que llegaron a Brasil lo fueron por ser delincuentes. João Coelho y Violante Fernandes llegaron por voluntad propia en busca de mejores oportunidades, dado que en estas tierras, las fronteras étnicas tendían a

En caso de que alguna persona fuera hallada en el reino vistiendo las ropas y la lengua de los armenios, griegos, árabes y persas, "o de otras naciones sujetas al turco", podía ser detenida e interrogada sobre el motivo de su llegada y "el negocio que habían venido a atender y por cuánto tiempo"[88]. Sin embargo, esta ley se demostró ineficaz, por lo que hubo de disponerse una nueva disposición en enero de 1606, por la que a los nómadas que se hallaran en el reino[89], se les aplicaba

---

difuminarse dentro de una coexistencia social entre los blancos coloniales. De tal forma, que abandonando el traje, el lenguaje y los patrones de comportamiento que los identificaran cultural y étnicamente como ciganos, estos podían integrarse libremente en las clases bajas de la sociedad colonial. Las mujeres se emplea-ron en servicios domésticos y los hombres principalmente como jornaleros urbanos, y en pequeña escala, como carceleros y pro-pietarios de tiendas". En DONOVAN, Bill (1992). "Changing perceptions...", p. 49.

88 PIERONI, Geraldo (1993). "Detestáveis na metrópole...", p. 117. "Habiendo resuelto que se aplique la ley a los gitanos y gitanas, así en esta corte como en las demás tierras del Reino; con declaración de que los años que la misma ley les impone para Áfri-ca, sean para Maranhão, y que los ministros que así no lo ejecuten, sean dados en culpa para ser castigados, según la voluntariedad y omisión que tengan en este particular". En PIERONI, Geraldo (2006). *Vadios e ciganos...*, p. 122.

89 El aumento de población y el nomadismo gitano en esas fechas sirvió de justificación para la ley de 1603, en la que se expresaba cómo "hay muchos ciganos en el reino, que andan por

azotes y demás penas que se hallaban vigentes, para en caso de ser detenidos por segunda vez, ser condenados a tres años de galeras, diez si eran detenidos por tercera vez[90]. En caso de ser mujeres, solo se podía ejecutar en ellas la pena de azotes"[91].

Solo durante la Guerra de Restauración de Portugal (1640-1668) se relajó la represión y se concedió la ciudadanía lusa a los ciganos que se alistaran en el Ejército. Un paréntesis que se cerró a la muerte de João IV, pero que se reinició posteriormente con la persecución de todas las minorías étnicas, especialmente con la morisca a manos de la Inquisición, aunque sin proceder con la misma intensidad en el caso de los ciganos, probablemente por ser más pobres y con menos propiedades, ya que sólo se les encausó en delitos de poca consideración, como la adivinación"[92].

Tras la independencia portuguesa de los Austrias españoles, la guerra y sus secuelas, habían hecho crecer el nivel de violencia en la sociedad portuguesa ante los

---

ahí en cuadrillas cometiendo muchos excesos y desórdenes y lo perjudiciales que son para los que viven y residen en sus ciudades, villas y lugares". En PIERONI, Geraldo (1993). "Detestáveis na metrópole...", p. 117.

90 *Ibídem*.

91 *Ibídem*, p. 118.

92 DONOVAN, Bill (1992). "Changing perceptions...", p.42.

cada vez más de la beneficencia[93]. Así, para hacer frente al aumento de individuos catalogados como vagabundos, se potenció la política de utilitarismo penal, exigiéndose a los tribunales de justicia destinaran a reos sentenciados a penas de destierro a Maranhao –Brasil-. Una política que a su vez practicaron también las autoridades brasileñas, a través de un proceso de "purga" para enviar a sus marginados sociales a las colonias africanas, especialmente Angola y Cabo Verde. Así, ante las quejas de diversas autoridades locales sobre la presencia de extensas bandas de ciganos, se comenzó a prohibir su presencia en las zonas urbanas. Así ocurrió cuando João IV decretó en 1647, la prohibición de que habitaran a menos de cinco leguas de Lisboa, junto a la amenaza de castigar con tres años de destierro en África a quienes les dieran o alquilaran casas[94].

---

93 *Ibídem*, p. 44.

94 *Ibídem*, p. 43. Esta ley dispuso que los vagabundos dispersos por el reino fueran confinados en las conquistas portuguesas de allende el mar. En tanto, los que se quedaron, a las ciudades de Torres Vedras, Leiria, Ourém, Tomar, Alenquer, Montemor-o-Velho y Coimbra, se les prohibió hablar o enseñar a sus hijos su jerga o "artilugios peculiares"; así como la compraventa de animales, las "buenas dichas" y la hechicería. Se les obligó a trabajar, permitiendo la mendicidad sólo a los enfermos y a los inválidos. Las mujeres podían ser condenadas a cadena perpetua a Angola o Cabo Verde, "sin llevar consigo a su hija o hijo".

Tampoco en esta ocasión los objetivos se cumplieron, tal como el mismo rey reconoció en carta de João IV de 5 de febrero de 1649, al señalar el gran daño que sufría el reino "de una gente vagabunda que, con el nombre de ciganos, andan en cuadrillas viviendo del robo y engaño contra Dios y contra mi reino [...], por muchas leyes se han procurado disposiciones para extinguir este nombre y manera del pueblo cigano vagabundo con prisión y penas de azotes, decapitaciones y galeras, y no lo han conseguido"[95]. Una realidad que Pedro II nuevamente pretendió cambiar, ante el "aluvión de gente tan ociosa y perjudicial para su vida y costumbres, que andaba armada para mejor cometer sus robos", mediante el destierro a África y a Maranhão en Brasil[96].

El intento de instaurar "un patrón de autoridad y un esquema último de valores", que eliminara cualquier alteración del orden social en Portugal, hizo necesario, además de la implicación de las autoridades religiosas

---

Además, a todos se les impedía la posibilidad de solicitar indultos, ni criar a sus hijos o hijas más allá de los nueve años. Los niños, en caso de ser capaces de servir, podían ponerse "en soldadesca del modo que se usa con los huérfanos". En PIERONI, Geraldo (1993). "Detestáveis na metrópole...", p. 118.

95 *Ibídem*, p. 119.

96 *Ibídem*, p. 122.

para garantizar la moralidad social[97]; alejar de la metrópoli a los elementos considerados indeseables, entre los que apenas se hallaron trabajadores especializados, precisamente los que escaseaban en las colonias. Se priorizó entonces el envío de desterrados con oficios que fueran deficitarios en ellas, para lo que se ofrecieron ventajas, como reducciones de tiempo de condena a los que aceptaran servir de forma voluntaria en aquellas tierras. Y, aunque había necesidad de herreros y demás artesanos ciganos, estos fueron despreciados por la mala fama que desde la metrópoli traían consigo, y a que una vez en Brasil, seguían manteniendo su forma de vida, sin que los gobernadores coloniales hallaran medio para conseguir su corrección y aprovechamiento en trabajos útiles. Una situación que generó nada más que protestas por trasladar un problema, a un lugar donde con anterioridad no existía.

Ya en el siglo XVIII, a partir del reinado de João V, como respuesta al fracaso de la legislación específica contra los ciganos, la persecución y el destierro a las colonias de ultramar creció de forma más intensa[98]; tal como se reconoció en un edicto de 1708, en el que se

---

97   DONOVAN, Bill (1992). "Changing perceptions...", p. 45.
98   TEIXEIRA, Rodrigo Corrêa (2008). *História dos Ciganos...*, p. 15.

admitió que las disposiciones reales "no se han hecho cumplir, y por eso permanecen en este país"[99]. Así, en noviembre de 1710 se les prohibió hablar, vestir y comportarse como ciganos, ni poder leer la buenaventura, así como no vivir "juntos más, que hasta dos casas en cada calle, ni andarán juntos por los caminos", sin tratar "en ventas, y compras, o cambios de bestias", pues en caso contrario, "por este mismo hecho, aunque no tenga otro delito, incurrirá en la pena de azotes, y será desterrado por un término de diez años: cuyo confinamiento para los hombres será galeras, y para las mujeres, a Brasil"[100].

Esta renovada política represiva supuso un cambio en las deportaciones, teniendo su momento álgido en 1718, cuando se dictaron medidas como respuesta al aumento de las quejas sobre robos y otros delitos cometidos por los "buena dicha", es decir, los que practicaban la adivinación mediante la buenaventura –lectura de las líneas de las manos. Muchos fueron

99 DONOVAN, Bill (1992). "Changing perceptions...", p. 13.
100 RUSSO, Maríagrazia (2013). "Os ciganos roubaram mina sorte. Gli zingari in Portogallo: etnonimi per una frontera sociolinguistica", en CALVI, Maria Vittoria (ed.). *Frontiere soglie e interazioni. I linguaggi ispanici nella tradizione en ella contemporeità*, Trento: Lingua, Labirinti 152, Università degli Studios di Trento, p. 376.

detenidos y enviados a las conquistas de África, India y Brasil[101]. Entre ellos, se halló una pequeña comunidad cigana formada por medio centenar de hombres, 41 mujeres y 43 niños, que se hallaban en la prisión municipal de Limoeiro.

La operación fue cuidadosamente planificada y sentida como un acto de Estado[102] con objeto de librarse de sus ciganos, a los que se acusaba de "robos, delitos graves y excesos que frecuentemente cometen". En su planificación, se ordenó "a los gobernadores de los ejércitos de la frontera, que por medio de sus oficiales" los apresaran, para, posteriormente, ser "esparcidos por las separadas conquistas de la India, Angola, São Thomé, Ilha do Principe, Benguela y Cabo Verde, Ceará y Maranhâo"[103]. Desde Lisboa se dieron instrucciones a los responsables coloniales. En el caso de Pernambuco, el 15 de abril se le comunicó a su gobernador, el envío de una remesa de ciganos a esa capitanía, todos los cuales debían ser repartidos entre Ceará y Angola, sin permitirles regresar a la metrópoli[104] ni usar

101 PIERONI, Geraldo (1993). "Detestáveis na metrópole...", 1993, p. 123.
102 DONOVAN, Bill (1992). "Changing perceptions...", p. 38.
103 *Ibídem*, pp. 47-48.
104 TEIXEIRA, Rodrigo Corrêa (2008). *História dos Ciganos...*, p. 16.

su lengua[105]. Sin embargo, a pesar del cuidado que se tuvo para impedir quedaran ciganos en la capitanía de Pernambuco, el 16 de diciembre de 1723, se informó al rey que por toda su jurisdicción se hallaban dispersos cometiendo robos y asesinatos, por lo que se pedía facultad para expulsarlos a Ceará, "donde podrían ser de algún servicio en la conquista de la gente salvaje, y así dar al pueblo un poco de sosiego"[106].

2.3. Las Minas Gerais

La mayor preocupación para las autoridades coloniales brasileñas, consistió en mantener alejados a los ciganos de las zonas mineras. A pasar de sus precauciones, los ciganos se hicieron un lugar como buscadores de oro. Si bien, gobernadores de las Minas Gerais, como Lorenzo de Almeida, promulgaron decretos como el del 15 de julio de 1723, por el que disponía la detención de "todos los ciganos y ciganas, junto con cualquier persona en su compañía", por considerarlos "muy perjudiciales para la comunidad, pues no viven si no

---

105 Por la Provisao do Conselho do Ultramar de 11 de abril de 1718 se ordenó no permitir se transmitiera de padres a hijos, para que desapareciera en un futuro.
106 TEIXEIRA, Rodrigo Corrêa (2008). *História dos Ciganos...*, p. 17.

es robando"[107]. Todos habían de ser llevados a Río de Janeiro y deportados nuevamente, esta vez, en dirección a Angola. Sin embargo, los grupos ciganos como el liderado por João da Costa y sus tres hermanos, siguieron habitando en gran número los campos auríferos. Y, aunque nuevamente en 1730 se ordenó que todos los ciganos debían ser presos y "extinguidos por la pena de muerte", todos los intentos de expulsarlos de las zonas mineras fracasaron[108].

107   El bando, firmado en Vila Rica, ordenaba "a todos los capitanes mayores y demás oficiales de guerra o justicia", prendieran "a todo gitano o gitana que aparezca, y a cualquier otra persona de cualquier calidad o condición que ande en su compañía, o a quienes les dieren acogida en su casa o hacienda". Una captura a la que se facultaba "cualquier persona del pueblo, sea cual fuere su cualidad o condición" para "aprehender a un gitano y llevarlo a la cárcel de la villa que le sea más cercana, tomando todos los bienes muebles que tuvieren los gitanos, consistentes en oro, ropas o caballos", con el fin de pagar "el importe de las cadenas que deban comprarse para ponérselas a los gitanos". En TEIXEIRA, Rodrigo Corrêa (2008). *História dos Ciganos...*, p. 77.

108   DONOVAN, Bill (1992). "Changing perceptions...", p. 51. En Minas Gerais, el gobernador Martinho de Mendonça da cuenta en sus cartas de la presencia de gitanos el 14 de agosto de 1736, así como de una orden para apresarlos en diciembre de ese mismo año. En enero de 1737, se vuelve a dar la noticia de que había entrado en las Minas "un gran número de gitanos", que el virrey "había mandado desalojar del distrito de Bahía". Y, aunque Mendonça admitía que las quejas se reducían a que eran ciganos "sin

Para muchos ciganos, Brasil acabó convirtiéndose en tierra de paso hacia Angola. Así lo entendió el gobernador Almeida, quien consideró que la presencia cigana en Minas Gerais fue fruto de un descuido del ministerio de Marina, cuando la verdadera voluntad del rey, había sido la de enviar en tránsito a los ciganos a Brasil, para pasar posteriormente a Angola. No obstante, también se produjo un tráfico en sentido inverso, pues aunque la mayoría había sido deportada directamente desde Portugal a Angola, muchos pasaron desde allí a Brasil. Una circunstancia que fue motivo de queja por parte de los funcionarios coloniales brasileños, quienes denunciaron dicha práctica y la facilidad con

---

que se señale ninguna culpabilidad individual", sugirió apresarlos para enviarlos a combatir en la colonia de Sacramento; pero que en caso de considerarse de mayor utilidad, podía enviarlos a la ciudad de Río de Janeiro. Finalmente, el 22 de mayo de 1737, ordenó ejecutar la orden del virrey para "prender a los ciganos", por temer se introdujeran en el "interior, donde podrían asaltar los caminos". La operación se proyectó en secreto para ejecutarla el primer día de junio, pero no se desarrolló como estaba previsto debido a una filtración que permitió huir a algunos, y a otros ser detenidos en Sabará. En MENDONÇA, Martinho de (1911). *Cartas de 1736-1737*, Belo Horizonte: RAPM, Vol.. 16, nº. 2, pp. 330, 394 y 398. Citado por BARRETO DE RANGEL MOREIRA CAVALCANTI, Irenilda Reinalda (2021). "Caça aos ciganos", en Revista Impressões Rebeldes, nº. 2. https://dokumen.tips/documents/caca-aos-ciganos-i.html?page=1.

que los ciganos y otros desterrados viajaban a uno y otro lado del Atlántico.

En agosto de 1737, el gobernador Martinho de Mendonça volvió a dar cuenta de una nueva operación, esta vez a cargo del intendente de la capitanía de la comarca de Sabará, Manuel Dias Torres, quien reuniendo a casi un centenar de paisanos armados, decidió atacar por su cuenta a un grupo de 26 ciganos, quienes se resistieron al arresto, ocasionándose una pequeña batalla campal con varios muertos, heridos y algunos detenidos[109].

Junto a las deportaciones, la alta tasa de natalidad contribuyó al aumento de población cigana, lo que creó cierta alarma social y un intento de controlar dicho incremento mediante la adopción de nuevas medidas. Una de ellas partió del intendente general de la policía, Diego de Pina, en 7 de mayo de 1737, quien viéndose superado por dicho aumento poblacional, pidió al gobernador Mendoça, que por "las llagas de Cristo" se exterminara "a la cantidad y multitud de ciganos" existente, sugiriendo una gran redada, "para

---

109   Un dragón fue muerto y otro herido. Por la parte cigana, dos hombres y un niño de pecho murieron, siendo detenidos dos niños y muchas mujeres. En MENDONÇA, Martinho de (1911). *Cartas de...*, pp. 444-445).

ser ejecutada a la misma hora y tiempo [...], en todas las comarcas", enviando a los que fueran presos "a Río de Janeiro, a cargo de sus propios bienes"[110]. Una medida que constituyó un nuevo fracaso[111] y que obligó a la corona en 1745, a renovar sus esfuerzos para expulsar sin éxito a todos los ciganos del reino; ya que en 1751 varios ayuntamientos se quejaron de que "los ciganos infestan el Alentejo", y continuaban "cometiendo robos e insultos escandalosos", por lo que pedían con presteza, el envío de soldados para conseguir su expulsión". Una *purga étnica* que sólo consiguió alejar los

---

110   Similar medida sería adoptada por Ensenada en España, posiblemente conocedor de los detalles de esta redada por el embajador español en Lisboa. MARTÍNEZ MARTÍNEZ, Manuel (2014). *Los gitanos y las gitanas...*, p. 24. Diego de Pina se hallaba convencido de que la operación de captura y transporte podía ser costeada por las propias víctimas ciganas mediante la requisa de "piezas de oro y caballos, aun cuando robados, que se venderán y darán para la leva". Unas riquezas que afirmó, eran producto del "gran daño" que hacían en las minas. En TEIXEIRA, Rodrigo Corrêa (2008). *História dos Ciganos...*, p. 77).

111   Una de las razones de este fracaso se debió a que los caminos se hallaban en mal estado, lo que, unido a un terreno tan accidentado, permitió a los ciganos poder eludir a los destacamentos militares enviados contra ellos. En DONOVAN, Bill (1992). "Changing perceptions, p. 47.

ciganos de Lisboa y otras ciudades, para hacer aumentar las comunidades ciganas de Brasil[112].

Una nueva etapa se abrió con el despotismo ilustrado del régimen de Pombal durante el reinado de José I (1750-1775), el cual, aunque abolió la esclavitud en las Indias Orientales, no lo hizo en Brasil[113], a donde envió administradores enérgicos con nuevas leyes, con las que reforzar el monopolio comercial sobre esta colonia y obtener una mayor productividad de la minería del oro y demás recursos naturales. Un proyecto en el que se empleó preferentemente los recursos financieros y humanos, en lugar de destinarlos en la persecución de grupos marginales, excepto aquellos que, "aunque no roben con engaño o violencia" llevaban una vida ociosa, "sin contribuir a su subsistencia o mantenimiento con su trabajo y empleo útil", lo que les calificaba como "ladrones en consideración política"[114].

---

112   La política de deportar a comunidades enteras, como las familias transportadas a Bahía en 1718, facilitó que los ciganos mantuvieran su identidad cultural en tierras brasileñas, haciendo fracasar los intentos de los funcionarios coloniales, para asimilarlos a la comunidad blanca. *Ibídem*, p. 50.
113   De esta forma, los esclavos africanos siguieron siendo el estrato más marginado y peligroso de la sociedad luso-brasileña. En DONOVAN, Bill (1992). "Changing perceptions...", p. 33.
114   *Ibídem*, p. 50.

De esta forma, preocupadas las autoridades portuguesas por la expansión y las "costumbres nocivas" de los ciganos "deportados de este reino al Estado de Brasil", impulsó a Pedro III a promulgar una nueva disposición en 20 de septiembre de 1760. Una medida que justificó por el hecho de que vivían "tan a su antojo que, haciendo uso de sus nocivas costumbres en total contravención de mis leyes, causan molestias intolerables a los habitantes, cometiendo continuos robos de caballos y esclavos [...], cargados de armas de fuego por los caminos, donde practican su nociva conducta con abierta violencia", causando molestias intolerables a los habitantes. Para su corrección e incorporación a la vida civil "por los medios más enérgicos y eficaces", determinó que los más jóvenes debían ser arrancados de sus padres y ser "judicialmente entregados a los amos, que les enseñarán los oficios y la mecánica", y en cuanto a los varones adultos, debían sentar plaza de soldados.

Entre tanto se les daban estas aplicaciones, debían ser "repartidos entre las cárceles", haciéndoles "trabajar en las obras públicas, pagándoles su justo salario". Y, en cuanto a los demás que quedaban libres, se les prohibía "comerciar con bestias y esclavos y andar en ranchos; que vivan en barrios separados, no todos juntos, y que no se les permita llevar armas". Por último, las mujeres debían emplearse "en los mismos ejercicios que las del país". En caso de contravención, se aplicaría la deportación "de por vida a la isla de São Thomé, o de Príncipe, sin más orden ni juicio"[115].

Las deportaciones se prolongaron en el tiempo. Así, bien entrado el año 1780, el ministro colonial, Martinho de Melo e Castro, continuó enviando grupos de cuatrocientos ciganos a Brasil. Un trasvase humano forzado que no dejó de ser contestado hasta finales del periodo colonial desde diferentes sectores sociales, tal como se denunció en 1793, cuando surgieron críticas respecto a que los ciganos no eran útiles ni a la corona ni a Brasil[116]. Una opinión que no impidió a los ciganos ocupar un lugar en la sociedad brasileña postcolonial, a la que se adaptaron y lograron mantener su identidad propia, mediante la preservación de su patrimonio lingüístico y cultural, contribuyendo de esta forma al mestizaje cultural y racial de la América portuguesa[117].

Sin datos fiables ni estudios sobre el particular, el número total de desterrados ciganos procedentes de la

---

115   TEIXEIRA, Rodrigo Corrêa (2008). *História dos Ciganos...*, p. 20
116   DONOVAN, Bill (1992). "Changing perceptions...", p. 46.
117   *Ibídem*, p. 48.

península Ibérica hasta la independencia de Brasil en 1822 nos es desconocido. Además, no todos los ciganos fueron portugueses, también los hubo procedentes de España[118]. Si bien hasta el momento no existen otras fuentes, solo la vaga referencia procedente de la Gaceta de Lisboa, en donde se menciona el traslado de grandes grupos de deportados.

La práctica de la deportación de convictos siguió vigente a lo largo del siglo XIX, estableciéndose por Real Decreto de 17 de febrero de 1894, los depósitos de deportados en las colonias portuguesas de África, bajo los presupuestos que pretendían sacar provecho del trabajo forzado del delincuente en la agricultura, la industria o en el ejército; así como mejorar la propia condición del penado mediante el trabajo, la instrucción y la disciplina; y por último, colonizar

---

118   El reino de Portugal constituyó para los gitanos españoles que huían de la persecución, un refugio en el que tampoco estuvieron a salvo, ya que como efecto dominó, el gobierno portugués emprendía su particular represión contra estas oleadas de refugiados para su control; o bien colaboraba con las autoridades españolas para su arresto y devolución. Así, con ocasión de la redada general de gitanos de 1749, muchos lograron pasar la frontera; si bien, muchos de ellos fueron devueltos, junto con bastantes ciganos portugueses, pues las justicias lusas aprovecharon la ocasión para deshacerse de ellos. MARTÍNEZ MARTÍNEZ, Manuel (2014). *Los gitanos y las gitanas...*, p. 41.

las posesiones de Ultramar mediante concesiones de terreno a explotar[119]. Unos objetivos que en poco o nada difirieron de los que se pretendieron a lo largo de los siglos anteriores.

119 CADALSO y MANZANO, Fernando (1895). *La pena de deportación...*, p. 19.

3. EL COLONIALISMO PENAL BRITÁNICO

3.1. La política antigitana inglesa y escocesa

El primer uso de la palabra *gypsy* dentro de la legislación inglesa no apareció hasta 1713[120]. Hasta entonces, y

---

120 En el Acta de este año se empleó por primera vez la forma *gipsy* en lugar de *egyptian*, aunque este vocablo ya había sido empleado a principios del siglo XVII en formas intermedias, como *gipson* y *gipcyan*. En FRASER, Angus (2005). *Los gitanos*, Barcelona: Ariel, p. 144. La versión virginiana de 1736 de la ley de 1713, nunca utilizó la palabra *gitano*, pues sólo se refería a los *egipcios*, a los cuales, en caso de ser hallados "vagando o pretendiendo adivinar el futuro", podían ser azotados y desterrados fuera de la colonia. En WEBB, George (1736). *Office and Authority of a Justice of Peace. Williamsburg*, Nueva York, s/p.

desde el siglo XVI, a los gitanos se venía denominando *egipcios*. Un gentilicio empleado en 1530 en la *Ley de los Egipcios* de Enrique VIII, por la que se prohibía su entrada en Inglaterra y ordenaba abandonar el país a todos los que se encontraran en él, bajo la amenaza de prisión y pérdida de bienes en caso de no salir de Inglaterra en el plazo de dieciséis días a partir de la publicación de la ley[121]. Posteriormente, María Tudor e Isabel I, impusieron la pena de muerte[122] a todos

---

Citado por OSTENDORF, Ann (2019). "Racializing American...", p. 51. Hasta 1792, Virginia no derogó ésta y otras leyes contra los *egipcios*. Su contenido los separaba explícitamente de las personas libres de color, pues aunque los "egipcios o gitanos" ya no estaban prohibidos en el Estado, "la migración de negros y mulatos libres" seguía siendo ilegal. En TUCKER, St. George (1803). *Blackstone's Commentaries: With Notes of Reference to the Constitution and Laws of the Federal Government of the United States and the Commonwealth of Virginia*, Philadelphia:, PA, pp. 33 y 165-166. Citado por *Ibídem*, p. 51.

121 SILLERS FLOATE, Sharon (1999). "Deportación de gitanos desde Inglaterra, 1614-1868)" En *Deportaciones de gitanos*, Madrid: Presencia Gitana, p. 91.

122 Jules Bloch recoge un documento de 1596 sobre la condena a muerte de 106 hombres gitanos capturados en el condado de York, acusados de ejercer como "expertos en quiromancia, fisiognomía y otras falsas ciencias". Una pena que se ejecutó sobre los nueve hombres que eran "extranjeros nacidos allende los mares". El resto fueron perdonados y puestos bajo la responsabilidad

aquellos que permanecieran en el país más de un mes. Una pena que estuvo en vigor entre 1554 y 1783, sin más delito que el ser meramente gitano.

En cuanto a Escocia, aunque en 1540 el Consejo Privado, por orden de Jacobo V, dispuso no impidieran ejercer sus "legítimas actividades" al "señor y conde de Egipto Menor", John Faw, y a su compañía[123]; así como otros privilegios, como el de ejecutar justicia entre los suyos conforme "las leyes de Egipto"[124]. Sin embargo, el 6 de junio de 1541, el Consejo, ante "los grandes robos y hurtos realizados por los llamados egipcios", revocó todas las cartas de protección y demás privilegios, y

de Wiliam Portyngton, para que se ganasen la vida "por medios honorables y lícitos. En BLOCH, Jules (1968). *Los gitanos*, Buenos Aires: Editorial Universitaria, pp. 45-46.

123 MACRITCHIE, David (1894). Scottish Gypsies Under the Stewarts. Edinburgh, England, Neil & Company for David Douglas, p. 46. Citado por STEPHENS, Katherine Bernice (2003)."American Gypsies: Immigration, migration, settlement", Theses Digitization Project, San Bernardino: California State University, p. 16.

https://scholarworks.lib.csusb.edu/etd-project/2354/?utm_source=scholarworks.lib.csusb.edu%2Fetd-project%-2F2354&utm_medium=PDF&utm_campaign=PDFCover-Pages

124 FRASER, Angus (2005). *Los gitanos...*, p. 125.

ordenó, bajo pena de muerte, la expulsión del reino en un plazo de un mes[125].

La imprecisa frontera de lo que se entendía por *egipcio* o *gitano*, quiso eliminarse por medio de su definición más extensa, tanto, que se metió dentro del mismo saco a todos aquellos que llevaran una forma de vida similar o, que adoptaran otros rasgos distintivos como el traje. Así, con la ley de asentamiento de 1662, los jueces de paz obtuvieron la potestad de condenar, como delincuentes e incorregibles, a los "granujas, vagabundos y mendigos recalcitrantes". Más tarde, en 1696, el Consejo de Estado concretó aún más la categoría penal de los delincuentes susceptibles de deportar, a través de una ley que autorizaba la captura "de personas indecentes y peligrosas" que practicaran ese modo de vida. Una represión que encerraba, al igual que ocurría en el resto de países europeos, el temor de que elementos marginales adoptaran esa manera de vivir; y que aún, en 1743, se seguía combatiendo el contagio a través de la *Ley de encarcelamiento de los Jueces*, por la que "todas las personas que se hicieran pasar por gitanos, o que vagabundearan con el hábito y la forma de los

---

125 *Ibídem*, p. 126.

egipcios, o que fingieran adivinar el futuro, debían ser tratadas como pícaros y vagabundos"[126].

3.2. El comienzo de las deportaciones a América

La política de deportaciones hacia las colonias británicas en América tuvo sus precedentes, aunque con otros destinos entre 1530 y 1554. Así, en mayo de 1540 muchos gitanos fueron deportados hacia Noruega desde Boston; y en 1544, una compañía de gitanos fue sentenciada a deportación con destino a Calais, por entonces en poder inglés[127]. Más tarde, en 1574, se estableció que los hijos de mendigos de entre cinco y catorce años debían ser recogidos y puestos como aprendices bajo personas no gitanas hasta que llegaran a la edad adulta[128]. Unas disposiciones antigitanas que se endurecieron aún más a finales del siglo XVI y principios del XVII, declarando al gitano fuera de la ley. Si bien, no se condenaba al sujeto por pertenecer a la etnia gitana, sino por practicar esa forma de vida y realizar prácticas mágicas que atentaran a los principios del cristianismo

---

126 DONOVAN, Bill (1992). "Changing perceptions...", p. 36.
127 FRASER, Angus (2005). *Los gitanos...*, p. 123.
128 STEPHENS, Katherine Bernice (2003)."American Gypsies, p. 16.

Las deportaciones se incrementaron antes de finalizar el siglo XVI, posiblemente, tras la aprobación en 1598 de la *Ley para el castigo de granujas, vagabundos y mendigos recalcitrantes*, por la que se facultó a los jueces de paz, el poder expulsarlos, sin especificar a qué "lugares de ultramar", potestad que quedó reservada para el Consejo privado[129]. Sería un lustro más tarde, cuando esta institución especificara la lista de destinos penales a Terranova, las Indias orientales y occidentales, Países Bajos, Francia y Alemania. A partir de 1607[130] la lista se

---

129   La categoría de "granujas, vagabundos y mendigos recalcitrantes" se aplicó a toda persona considerada peligrosa o que no cambiaba su modo de vida asocial. En este supuesto entraron los gitanos por su itinerancia y costumbres. Así, por esta ley se declararon granujas y vagabundos a "todos los caldereros que andan por los caminos [...], y a todas las personas que, no siendo criminales, andan por los caminos y pretenden ser egipcianos o que andan en el hábito, forma o atavío de los falsos egipcianos". En SILLERS FLOATE, Sharon (1999). "Deportación de gitanos...", pp. 93-94.

130   Un año antes, en 1606, Jacobo I de Inglaterra había concedido vía libre a las compañías de Plymouth y de Londres –también llamada Compañía de Virginia-, para establecer asentamientos permanentes en América del Norte, donde se fundó el enclave de Jamestown en la bahía de Chesapeake –Virginia-, a las que se añadieron posteriormente las provincias marítimas canadienses

amplió con la colonia de Virginia y posteriormente a la de Maryland. Territorios estos últimos, que pocos años más tarde, sufrieron un fuerte crecimiento de colonos, atraídos por la alta rentabilidad que ofrecía el cultivo de tabaco. Un aumento poblacional aún insuficiente para explotar nuevas tierras. Un déficit que se quiso paliar en parte con el envío sistemático desde 1614 de los gitanos y los vagabundos ingleses, mediante la conmutación de la pena capital por la prestación de "un servicio provechoso" en lugares de ultramar[131]. Un eufemismo que ocultaba una semi-esclavitud basada en la mano de obra barata, que los presidiarios proporcionaron a

---

y las islas caribeñas de Jamaica y Barbados. En BUTLER, James Davie (1896). "British Convicts Shipped to American Colonies", en *The American Historical Review*, Vol. 2, Nº, pp. 12-33 p. 14.
131   Entre 1615 y 1699, los tribunales ingleses enviaron aproximadamente 2.300 convictos a las colonias americanas. En el siglo XVIII, antes de que se pusiera fin a esta práctica en 1776, llegaron al menos 52.200. El 80% de los convictos deportados fueron enviados a Maryland y Virginia. En SALMON, Emily (2020). "Convict Labor during the Colonial Period", en *Encyclopedia Virginia* (07/12/2020). https://encyclopediavirginia. org/entries/convict-labor-during-the-colonial-period/. Consulta realizada en 15 de octubre de 2023.

los terratenientes de las colonias para explotar y roturar nuevas tierras[132].

En 1661, por la *Ley del Parlamento*, se mandó detener a los gitanos y a otros vagabundos, muchos de los cuales debieron ser deportados a las "plantaciones" británicas de Virginia, Jamaica y Barbados durante la segunda mitad del siglo XVII[133]. Estas Colonias aplicaron el modelo de esclavitud que se practicaba en Barbados con esclavos africanos. Sin embargo, en 1697 las deportaciones sufrieron un parón, debido a que las colonias se negaron a aceptar más convictos y a la escasez de mercaderes que estuvieran dispuestos a pagar para seguir enviando delincuentes a América[134]. Un aporte humano, que no obstante, junto al crecimiento natural de la población, elevó la población de las trece colonias británicas de América del Norte, poco antes de la Guerra de Independencia de EE.UU, hasta el millón y medio de habitantes[135].

---

132 SILLERS FLOATE, Sharon (1999). "Deportación de gitanos...", p. 94.
133 STEPHENS, Katherine Bernice (2003)."American Gypsies, p. 17.
134 SALMON, Emily (2020). "Convict Labor...".
135 TAYLOR, Alan (2016). *American Revolutions: A Continental History, 1750-1804*. W. W. Norton & Company, p. 20.

3.3. La esclavitud encubierta de las deportaciones

La deportación de convictos y esclavos a las colonias americanas, mediante convenio con mercaderes, supuso un lucrativo negocio para estos y una ventaja para los colonos, al contar con una mano de obra barata; pero también, representó para el Estado, un arma eficaz para "limpiar" la metrópoli de elementos humanos considerados indeseables, así como una estrategia fundamental para aumentar la población colonial y consolidar sus dominios ultramarinos[136].

La demanda de mano de obra en las colonias americanas se satisfizo al principio con sirvientes contratados que procedían en su mayoría de Inglaterra, para trabajar durante un número fijo de años -entre cinco y siete-, al

---

136 *Ibídem*, p. 93. También hubo inmigración no forzada de romaníes europeos a las colonias inglesas de Norteamérica. Uno de estos contingentes fue el de los *zigeuners* alemanes, asentados sobre todo en Pensilvania a partir de la década de 1750. Los colonos los llamaron también "holandeses negros" o "alemanes negros", para establecer una clara delimitación entre su blanquitud y la negritud de los "otros". En VV. AA (2020). *Romani realities in the United States: breaking the silence, challenging the stereotypes.* A study from the François-Xavier Bagnoud Center for Health and Human Rights at Harvard University and Voice of Roma, Boston. https://www.hsph.harvard.edu/wp-content/uploads/sites/2464/2020/11/Romani-realities-report-final-11.30.2020.pdf.

servicio de quienes pagaban su pasaje, pudiendo luego convertirse en plantadores "libres" al término de esos años y recibir de sus antiguos amos, ropa y semillas con que iniciar una nueva vida[137]. Junto a esta servidumbre, existió también un tráfico humano que daba comienzo en cuanto un tribunal condenaba a un reo a ser deportado[138]. Seguidamente, como una mercancía más, era entregado a los mercaderes que poseían los barcos que realizaban el transporte hacia las colonias. A cambio, recibían de la corona, un "precio de pasaje" por cabeza. Un negocio, cuyas ganancias aumentaban en tierras americanas, donde se vendían los convictos en pública

---

137   Durante las décadas centrales del siglo XVII, las malas cosechas en Inglaterra y Gales favorecieron una migración hacia las colonias, hasta que, mejoradas las condiciones económicas y políticas en la metrópoli, la mano de obra de los trabajadores en régimen de servidumbre comenzó a ser sustituida por la esclava. Entre 1607 y 1699, aproximadamente 96.600 sirvientes entraron en las colonias, junto con unos 33.200 esclavos. Una proporción que se invirtió entre 1700 y 1775, con 103.600 sirvientes contratados y unos 278.400 africanos esclavizados. En SALMON, Emily (2020). "Convict Labor...".

138   También entre los convictos hubo diferencias a la hora de sobrevivir. La historia era muy distinta para los delincuentes más pobres, a los que se mantenía en condiciones inmundas encadenados en la bodega del barco, mal alimentados y expuestos a epidemias. Ya en tierra, las condiciones de su servidumbre fueron con frecuencia, tan malas como el viaje de ida. *Ibídem*.

subasta, momento en que el condenado, aunque bajo control de las autoridades del gobierno local, pasaba a ser propiedad del comprador por el tiempo que había sido sentenciado,[139] como sirvientes domésticos o como peones agrícolas. Cumplida la condena podían regresar libremente a Gran Bretaña, o bien, quedarse y comprar tierra barata para emprender una vida diferente a la que había llevado en la metrópoli.

La principal motivación de los colonos libres para adquirir convictos, radicó en que su precio de compra era inferior al de los trabajadores blancos y africanos esclavizados. A finales del periodo colonial, una persona esclavizada de sexo masculino costaba entre 35 y 44 libras, en tanto que la mayoría de los convictos varones se vendían por menos de 13 libras, y las mujeres, entre 7 y 10 libras. Incluso, los convictos poco cualificados podían comprarse por entre 7 y 14 libras y los delincuentes cualificados por entre 15 y 25 libras.

---

139   El gobierno se reservaba el poder de castigarlos por mala conducta, ya fuera con latigazos o confinándolos en prisión. No obstante, el buen o mal trato a través de la sobrexplotación, la adecuada alimentación y demás condicionantes negativos, acabó dependiendo en gran medida de la indiferencia de las autoridades y de la actitud de sus amos. En STILLÉ, Charles T. (1889). "American Colonies as Penal Settlements", en *The Pennsylvania Magazine of History and Biography*, Vol. 12, nº. 4, p. 459.

Además, como ya estaban al margen de las normas de la sociedad, podían ser explotados más fácilmente[140].

La escasez de trabajadores especializados, como los herreros y los carpinteros, fueron los que alcanzaron los precios más altos en las subastas[141]. Si bien, estudios recientes indican que la mayoría de los convictos sentenciados en el área de Londres y condados circundantes, poseían algún tipo de habilidad profesional[142].

3.4. Los gitanos virginianos y la división racial

Una vez obtenida la libertad se abría la oportunidad de emprender una nueva vida en las colonias americanas. Así lo hizo Joan Scott, una mujer gitana que llegó dentro de un grupo de diez personas -cinco hombres y cinco mujeres-, posiblemente en régimen de servidumbre, al condado virginiano de Henrico en otoño de 1674, con objeto de reclamar, controlar y hacer productibles una pequeña porción de tierras. De lo poco que sabemos de ella, es que en 1695 quedó etiquetada como "una egipcia" en el libro de patentes de

---

140 SALMON, Emily (2020). "Convict Labor...".
141 SILLERS FLOATE, Sharon (1999). "Deportación de gitanos...", p. 102.
142 SALMON, Emily (2020). "Convict Labor...".

dicho condado[143]. Una catalogación racial, que como en la Luisiana quedó en el límite en que se dividía la blanquitud y la negritud. Un difícil equilibrio, que además como mujer, hizo que su vida en tierras americanas no fuera fácil; aún más, cuando en dicho año fue acusada de fornicación interracial y haber tenido un hijo ilegítimo como resultado de ello[144]. Una imputación que se basaba en la prohibición que sobre las mujeres blancas pesaba, a la hora de tener relaciones sexuales con personas negras. En esta ocasión, supo aprovechar la indeterminación que existía respecto a

---

143 OSTENDORF, Ann (2019). "Racializing American...", p. 44. El estudio genealógico realizado por esta autora relaciona probablemente a Joan Scott con sus hijas, las hermanas Ann y Jane Scott, propietarias de tierras en el condado de Henrico. Ambas, según un registro de donación en 1735, de cincuenta acres por parte de Ann a su hijo Benjamin, se dice eran colindantes con tierras de Nicholas Perkins y Henry Lound, quienes les habían pagado el pasaje para llegar a América. Y aunque en su registro, Perkins no etiquetó a Joan como afrodescendiente, sus descendientes fueron considerados como "mulatos", y por tanto, recayó sobre ellos el impuesto que debían pagar los afrodescendientes. *Ibídem*, pp. 47 y 50.

144 En 1662, la Asamblea General de Virginia había creado penas específicas para los casos de fornicación interracial, eliminándose en 1691 la posibilidad legal de contraer matrimonio interétnico. En OSTENDORF, Ann (2019). "Racializing American...", p. 46.

la identificación racial que separaba blancos y negros; pues, aunque catalogada como *egipcia*, al considerársele blanca, infrigía dicha ley, por lo que hubo de recurrir a una exención basada en el hecho de que no era cristiana, ya que la ley de fornicación de Virginia, establecía explícitamente su aplicación solo a los cristianos, con lo que quedó libre de cargos[145].

Con esta argucia, Joan pudo situarse a su conveniencia entre las leyes que pretendían separar a los blancos de los negros, algo que sólo medio siglo más tarde, William Johnson y Thomas Miller en Carolina del Sur ya no pudieron hacer en 1842, al quedar etiquetados como negros y no como *egipcios*[146]. Una tipificación

---

145   Esta ley de 1662 castigaba con una fuerte multa a cualquier cristiano que cometiera fornicación con un negro o una negra. *Ibídem*, p. 50.

146   *Ibídem*, p. 45. Para quedar exento del pago de impuestos, Miller argumentó que había sido "recibido en sociedad y se le consideraba un hombre blanco libre"; además, se había alistado como voluntario en la milicia y había ejercido el voto como tal hombre blanco. Tanto Miller como Johnson comparecieron ante el tribunal reivindicando la blancura alegando su herencia *egipcia*, con tanta frecuencia, que en 1858 la Cámara de Representantes de Carolina del Sur aprobó una resolución pidiendo a su *Comité sobre la Población de Color*, para "que investigara la conveniencia de imponer a todos los egipcios e indios, el mismo impuesto de capitación que se aplica ahora a todas las personas libres de color, mulatos y mestizos". *Ibídem*, p. 54. En 1866, tras la Guerra

que Virginia en 1792, al derogar las antiguas leyes contra los *egipcios*, aclaró explícitamente al distinguir los "egipcios o gitanos", de las personas libres de color, añadiendo, además, que sobre ellos no pesaba prohibición alguna[147]. Sin embargo, en ese mismo año, dentro de la *Recopilación de los estatutos del Parlamento de Inglaterra* vigentes en el estado de Carolina del Norte, se incluyó *una Ley relativa a los extraños que se autodenominan egipcios* que databa de principios del siglo XVI, así como su posterior revisión de 1554, en lugar de introducir leyes más modernas procedentes de la legislación inglesa[148].

Civil estadounidense, la expresión "personas llamadas gitanos" aparece en los debates sobre la definición de los privilegios legales estadounidenses por raza. En los debates del Congreso que condujeron a la Decimocuarta Enmienda a la Constitución de los Estados Unidos, se habla explícitamente de los gitanos junto con los chinos y cualquier persona de ascendencia africana. *Ibídem*.
147 TUCKER, St. George (1803). *Blackstone's Commentaries...*, pp. 33 y 165-166.
148 MARTIN, Francois-Xavier (1792). *A Collection of the Statutes of the Parliaments of England in Force in the State of North-Carolina*. New Bern: NC, pp. 193-194, 280-282, 315-316. Citado por OSTENDORF, Ann (2021). "Racializing American...", p. 51.

3.5. La ley de deportación

Las deportaciones, como negocio rentable, fueron explotadas desde 1665 por Escocia a través de una compañía de mercaderes, al obtener la autorización del Consejo privado para embarcar un grupo de gitanos con destino a las plantaciones de Jamaica y Barbados[149]. Un comercio que intentó extenderse mediante la ampliación del número de deportados, pero que chocó con los limitados medios de transporte. Una carencia que mercaderes como Francis Scott quisieron afrontar contratando un número suficiente de transportistas. Así, en 1689, Alexander Campbell, un comerciante de Edimburgo, realizó intensas gestiones para conseguir doscientos o trescientos transportistas, para enviar un elevado número de convictos con destino a Virginia[150], para hacer de esta forma más rentable el viaje, dado

---

149   VAUX DE FOLETIER, François (1977). *Mil años de historia de los gitanos*, Barcelona: Plaza & Janes, p. 63.

150   En agosto de 1681, un comerciante de Glasgow, Walter Gibson, comunicó a las autoridades, que tenía un barco en Port Glasgow listo para llevar a Virginia, "todos los vagabundos, lujuriosos mendigos o gitanos". En LENMAN, Bruce (2005). "Lusty Beggars, Dissolute Women, Sorners, Gypsies, and Vagabonds for Virginia", en *CW Journal*.

https://research.colonialwilliamsburg.org/Foundation/journal/Spring05/scots.cfm.

que, en el caso escocés, hasta la década de 1740, hubo escasez de convictos para embarcar para suministrar de sirvientes con destino a Chesapeake, salvo en ocasiones como la de 1669, cuando se permitió un cargamento de salida vendible, de todos los mendigos y gitanos que los magistrados escoceses pudieron reunir[151]; así como en 1715, cuando desde el puerto de Glasgow zarpó el barco llamado Greenock con una decena de "gitanos ingleses" para emplearlos en las plantaciones de Virginia[152].

No sería hasta 1718 cuando se produjera un cambio importante en la política de extrañamientos a través de la *Ley de deportación*, por la que se sustituyeron las anteriores, con el doble propósito de disuadir a los delincuentes y proveer a las colonias americanas de mano de obra en forma de condenados a servidumbre penal por espacios de tiempo de siete, catorce y perpetuidad. Unas penas que respondieron, tanto por delitos graves como de pequeños delitos[153], como

---

151 *Ibídem.*
152 CHESNEL, André (2018). *La note bleue: l'expression tsigane dans le jazz à travers la presse anglophone nordaméricaine des années 1880 aux années 1940.* Histoire. Université de La Rochelle.
153 SILLERS FLOATE, Sharon (1999). "Deportación de gitanos...", p. 93.

el robo, el perjurio, la falsificación y el hurto. Así, en caso de ser condenados a muerte, su suerte podía cambiar "a discreción de la corte, para ser transportados a América"[154]. A estos delitos se añadieron, entre otros en 1763, los de sodomía, el robo de una oveja, la tala de árboles frutales, el envío de cartas amenazantes y el ser gitano[155]. Una vez cumplido el tiempo de la sentencia, quedaban libres de volver a Inglaterra.

Esta política penal fue rechazada en varias ocasiones por los gobernadores y los consejos coloniales, algo que fue obviado desde la metrópoli, ya que esta práctica era muy rentable para el gobierno británico; y, aunque se opusieron al embarque de delincuentes, la Junta de Comercio u otros agentes del rey anularon las repetidas leyes aprobadas para poner fin al proceso, o bien, crearon impuestos u otras restricciones a la deportación, especialmente después de la *Ley de deportación*, cuando Virginia estableció en 1722, diferentes tasas y restricciones con objeto de encarecer el envío de convictos a la colonia. Un intento que se frustró nada más quejarse a la Junta de Comercio, Jonathan Forward, el

154 BUTLER, James Davie (1896). "British Convicts...", p. 24.
155 SILLERS FLOATE, Sharon (1999). "Deportación de gitanos...", p. 95.

primer comerciante que recibió un contrato del tesoro británico para enviar convictos a América[156].

La guerra de independencia de EEUU puso fin a este tráfico humano. A partir de entonces, el gobierno británico hubo de hacer frente a las deportaciones de los delincuentes que no quería a través de la llamada *Ley de las carracas*, por la que navíos inutilizados se convirtieron en prisiones flotantes[157], algunas de ellas ubicadas en la Gran Bermuda[158]. Si bien, fue Australia la que acabó aglutinando el mayor número de delincuentes que se hacinaban en las cárceles británicas[159].

Los gitanos que siguieron llegando a Norteamérica, no sin dificultad, ya lo hicieron en calidad de

156 SALMON, Emily (2020). "Convict Labor...".

157 La idea de emplear prisiones flotantes ha llegado hasta nuestros días, basta citar el caso del *Bibby Stockholm*, una enorme embarcación donde, en 2023, el gobierno británico ha pretendido alojar de forma "temporal" a medio millar de solicitantes de asilo. Construida en 1976, fue utilizada anteriormente para el mismo fin por Países Bajos para alojar a los inmigrantes irregulares.

158 SILLERS FLOATE, Sharon (1999). "Deportación de gitanos...", p. 105.

159 Por Decreto de 6 de diciembre de 1786, se mandó organizar la primera gran expedición para instaurar la nueva colonia penal. En 13 de marzo de 1787 partieron varios navíos desde el puerto de Porstmouth con 565 penados, 192 mujeres y 18 niños. Diez meses después llegaron a Australia.

inmigrantes, a pesar de que a lo largo del siglo XIX y siguientes, no existió prohibición legal que impidiera su entrada al país, ya que como tal categoría racial no estaban incluidos dentro de la lista de razas o pueblos que se elaboró para clasificar a los inmigrantes a su llegada. Una admisión o exclusión que quedó bajo el criterio de los funcionarios de inmigración, quienes a través de una especie de entrevista valoraban su aspecto, modo de vida, salud, pobreza, oficios, etc.[160]. Una selección subjetiva y problemática a la hora de encuadrar individuos a determinados grupos de migrantes[161], y que quedó al criterio de los agentes de inmigración, en función de su concepto racista hacia los gitanos, y

---

160   Los gitanos eran identificados como tales en función de tres factores: su aspecto exterior, los trabajos que realizaban y su modo de vida itinerante. En SUTRE, Adèle (2014). "«Are you a gypsy?»: L'identification des tsiganes à la frontière américaine au tournant du XXe siècle", en *"Tsiganes", catégorisations et politiques publiques*, Vol. 26, n° 152, p. 64.

161   Esta indeterminación movió al gobierno estadounidense a publicar en 1911 un Diccionario de razas y pueblos, que fue utilizado por los agentes del Servicio de Inmigración y Naturalización hasta principios de la década de 1950. Uno de sus epígrafes, bajo el título "Gitano", sugería la inclusión de los gitanos en el grupo de "otros pueblos". *Ibídem*, p. 63.

a su extendida opinión de considerarlos *indeseables*[162], como extranjeros "depredadores, parásitos, nómadas que se ganan la vida y amasan su riqueza por métodos desconocidos o dudosos", que eran "moral, física y mentalmente una molestia para la economía, así como una carga y una amenaza para la sociedad de este país"[163].

162 Ya en 1904, la conclusión a la que llegó la Oficina de Investigaciones Especiales sobre los gitanos argentinos que pretendían entrar al país, fue meridianamente clara: "Esta clase de emigrantes es considerada [...] en su conjunto, como altamente indeseable para su admisión en el país". *Ibídem*, p. 61.

163 *Ibídem*, p. 62.

4. EL COLONIALISMO FRANCÉS Y ESPAÑOL EN LUISIANA. EL CASO BOHEMIEN/GITANO

4.1. La Louisiane française
4.1.1. La represión antibohemia en Francia

En Francia, las acusaciones contra los gitanos, también llamados bohemios[164], datan de principios del siglo XV. La primera ley oficial represiva se remonta a 1539, a partir de cuya fecha, la legislación evolucionó desde el

---

164   En Francia se les denominó también bohemiens debido a sus supuestos orígenes en Bohemia, tal como aparece en la *Encyclopédie* de Diderot de 1751, junto a la definición de *egipcios*.

simple destierro, hasta las disposiciones más extremas promulgadas durante el reinado de Luis XIV, cuando se establecieron las condenas de galeras perpetuas[165]. En efecto, el decreto de 11 de julio de 1682, asentó las bases para una política de colonialismo penal al asumir que debido a la protección y refugio que les daban personas poderosas e influyentes, las leyes promulgadas hasta entonces no tenían efecto, para que enviándolos "a las galeras sin ninguna otra forma de juicio", se lograra "expulsar por completo del reino a estos ladrones". Ratificada la pena de galeras para "todos los que se llamen bohemios o egipcios, a sus esposas, hijos y demás personas de su séquito", se dispuso ponerlos en cadena y llevarlos a las galeras para servir "de por vida". En cuanto a las mujeres e hijas, se mandó raparlas por "la primera vez que se las encuentre viviendo como bohemias", y en cuanto a "los niños que no fueran aptos para servir en galeras, se llevaran a los hospitales más cercanos para ser tratados como los demás niños que se hallaran recogidos en esas instituciones". En caso de que las mujeres continuaran "vagando y viviendo como

---

165 DONOVAN, Bill (1992). "Changing perceptios..., p. 36.

bohemias", se dispuso la pena de azotes y el destierro del reino "sin ninguna otra forma o modo de juicio"[166].

No obstante, poco después, se ofreció la posibilidad de conmutar estas penas de galeras a cambio de que "permanecieran toda la vida en las islas de América". Así, entre 1686 y 1689, 32 forzados bohemios pudieron beneficiarse de esta disposición[167]. Una "gracia real", que junto a otras que trataban de combatir la vagancia, terminó consolidando la llegada de bohemios a las Américas, pero no se hizo de forma sistemática, hasta que por ley del 5 de enero de 1719 se expresara claramente, que "nada podría ser mejor para el bien del Estado, que enviar a las colonias a los que infringen las leyes de 1682, 1687 y 1701". Se dispuso entonces, que los vagabundos e individuos sin trabajo que se hallaran en París, volvieran a sus ciudades de origen si no querían ser expulsados a Luisiana. Una medida que acabó afectando a casi medio millar de delincuentes condenados

---

166   Sobre esta disposición real VAUX DE FOLETIER, François (1957). "La déclaration de 1682 contre les Bohémiens son application en Languedoc", en Études *Tsiganes*, nº 1, pp. 2-10.
167   VAUX DE FOLETIER, François (1977). *Mil años de...*, p. 63.

por vagabundeo y hurto[168]. Un procedimiento que podía ejecutarse, incluso, mediante un envío directo sin pasar los reos por presidio, tal como ocurrió a principios del siglo XVIII con varios bohemios condenados por el preboste de Caen a trabajos forzados en la Martinica, por haber sido hallados culpables del asalto a una diligencia. En 1724 sería una treintena de bohemios y bohemianas los que compartieron el mismo destino por iniciática de la gendarmería de Poiton. Una deportación que el gobernador de las islas de Sotavento protestó ante la Corte, pretendiendo redirigir este contingente a Burdeos, en la primera ocasión que se le ofreciera[169].

4.1.2. Los bohemios pioneros

El territorio de Luisiana, aunque, explorado desde el siglo XVI por la corona española, fue reclamado por

---

168   OSTENDORF, Ann (2021). "Louisiana Bohemians: Community, Race, and Empire in the Colonial Atlantic Roma Diaspora", en *Early American Studies: An Interdisciplinary Journal*, Volume 19, Number 4, University of Pennsylvania Press, p. 669.

https://www.academia.edu/42952043/Louisiana_Bohemians_Community_and_Creolization_in_the_Colonial_French_Atlantic_Roma_Diaspora.

169   VAUX DE FOLETIER, François (1977). *Mil años de..*, pp. 63-64.

la francesa en 1673 tras las expediciones francesas de la Compañía del Oeste, que desde Nueva Francia[170] salieron hacia el golfo de Méjico, extendiendo Francia desde 1682 su dominio hasta el río Mississippi.

El origen de los primeros bohemios franceses deportados a Luisiana los sitúa Osterndorf en la región de Lorena, donde una ordenanza del 14 de febrero de 1700, dispuso que abandonaran esa región de forma inmediata, todos "los que se llaman a sí mismos egipcios, o bohemios, y otras personas de tal calidad"[171]. Una orden que tuvo que tener poco efecto, pues en mayo de 1717 se volvió a exigir a todos los "extranjeros, vagabundos y bohemios" salieran de Lorena. Una

---

170   La colonia de Nueva Francia fue fundada en el actual Canadá por el explorador francés Jacques Cartier en 1534.

171   VAUX DE FOLETIER, François (1977). *Mil años de...*, p. 64. Sin especificar una fecha concreta, este autor señala el envío de las mujeres gitanas que se hallaban internadas en los hospitales parisinos de la Force y de la Salpêtrière con la pretensión de que se casaran con los colonos solteros de Luisiana. Estos primeros bohemios, a diferencia de la mayor parte de los demás vagabundos, viajaban con sus familias y con unos apellidos regionales distintivos, que aún aparecen entre los bohemios de Luisiana. Otra distinción respecto a los vagabundos franceses se halló en la lealtad que los bohemios mostraron a la fe católica y a su militancia en el ejército. En OSTENDORF, Ann (2021). "Louisiana Bohemians...", p. 3.

política de exclusión que en los dos años en que estuvo en vigor, logró remitir a Luisiana a un total de 1.300 deportados[172]. Entre ellos se hallaron los bohemios como una categoría distinta al resto, sin que hasta el momento conozcamos el número de ellos; sí, que en el primer grupo de reos de "desertores y otras personas enviadas por orden de la Corte", se halló el primer bohemio conocido que llegó a Luisiana: Jean Baptiste Evrard, quien con 28 años, a finales de marzo de 1719 se embarcó rumbo Luisiana. Una década más tarde se hallaba en puesto militar de Fort Rosalie o en sus cercanías, a unos 400 kilómetros río arriba de Nueva Orleans. Como trabajador forzado, podría haber formado parte de la guarnición o empleado en el cultivo de tabaco de las plantaciones cercanas. El caso es que halló la muerte en dicho fuerte durante el ataque de la tribu Natchez, junto a otros cuatro bohemios: la familia de Stroup, compuesta por el matrimonio y un hijo; y la de "La Vieille Chevalieu Bohemiene"[173].

Los abusos cometidos en la aplicación de estas leyes fueron tales, que el sistema empleado llegó a ser

---

172 OSTENDORF, Ann (2021). "Louisiana Bohemians...", p. 12.
173 En total, que en Fort Rosalie se hallaban 235 colonos como soldados o comerciantes. *Ibídem*, pp. 15-16.

conocido como "colonización por secuestro", por el que, a partir de los listados de mendigos y vagos confeccionados en colaboración con las parroquias locales, se premió a los captores según el número de detenciones realizadas. Una cacería que provocó la indignación popular y la suspensión de las deportaciones a Luisiana el 9 de mayo de 1720.

Sin embargo, los administradores coloniales de Luisiana deseaban satisfacer las necesidades de mano de obra[174], así como el envío de unas familias, que además de poblar la colonia, hicieran productivas sus tierras. Unos términos que las familias bohemias en Luisiana estuvieron dispuestas a cumplir, trabajando tanto por su propia supervivencia como por la del imperio francés, por lo que fueron estimados como colonos valiosos[175].

La rebelión indígena de la tribu Natchez paralizó la expansión colonial francesa para dominar los territorios circundantes a la ciudad de Nueva Orleans. Es más, se produjo un repliegue y una petición de los oficiales

---

174 Los franceses no consideraron útiles a los nativos indígenas para el trabajo, por lo que no los esclavizaron, siéndoles más rentable permitirles dedicarse a la caza y al suministro de pieles de animales y otros productos para su venta en Europa.
175 OSTENDORF, Ann (2021). "Louisiana Bohemians…", p. 13.

coloniales a la metrópoli, para que enviaran más colonos[176] y soldados. La Compañía de las Indias renunció a su monopolio de explotación de Luisiana y devolvió la colonia a la corona francesa, pues económicamente no le había reportado nada. Ante este fracaso, Luisiana dejó de ser vista como un lugar atractivo para los colonos, conservando solo su interés geoestratégico[177].

4.1.3. Las familias bohemias de *Le Tilleul*

El 21 de mayo de 1720, partió el barco *Le Tilleul* del puerto de Dunkerque con destino a la Luisiana, en la embarcación iban trece *bohemianas* junto con sus maridos e hijos[178]. En su mayoría procedían del noreste de la Francia y Bélgica actuales, capturados en una redada para ser empleados como trabajadores forzados que mitigaran la escasez de mano de obra existente en la colonia. Si bien, según Ostendorf, entre 1786 y

---

176   Al menos una décima parte de la población blanca huyó o pereció como consecuencia de la pobreza, el hambre y el caos. En SOLÓRZANO FONSECA, Juan Carlos (1997). *Las poblaciones indígenas y los colonizadores europeos en Luisiana colonial*, San José: Universidad de Costa Rica/Centro de Investigaciones Históricas de América Central, p. 38.

177   *Ibídem*, pp. 38-39.

178   Las familias bohemias que llegaron en Le Tilleul eran las de La Garenne, La Prairie, La Fontaine y Pantinet.

1788, los bohemios de Lorena, para eludir las penas establecidas contra ellos, también aceptaron labores agrícolas en Francia o en ultramar con la condición de permanecer unida toda la familia e ir libres a su destino; por lo que resulta posible, que las familias bohemias embarcadas en *Le Tilleul* hubieran negociado su traslado a la colonia de Luisiana. Una suposición que cobra mayor fuerza, cuando a pesar de los constantes intentos de reclutar familias como colonos, ningún trabajador extranjero que llegó a la colonia, lo hizo acompañado de familiares[179].

Le Tilleul fondeó el 16 de agosto de 1720 en Ship Island, frente a la costa de Biloxi, donde desembarcaron, según el director local de la Compañía del Oeste, casi cuatrocientos pasajeros entre soldados, prisioneros e "individuos completamente inútiles que han sido contratados para el servicio". Allí esperaron a ser llevados a Nueva Orleans[180] y al interior del continente, donde los deportados comenzaron a trabajar para los colonos con tierras. Pronto pudieron comprobar que la vida en la colonia no sería fácil, ya que la Compañía

179 OSTENDORF, Ann (2021). "Louisiana Bohemians...", pp. 11-12.
180 Varios bohemios de Le Tilleul llegaron a esta ciudad de 519 habitantes en noviembre de 1721.

no les abasteció de comida, agua y refugio. Unas carencias que produjeron numerosas muertes por la hambruna que resultó. Con el tiempo, poco o nada mejoró, todo fue un círculo de pobreza constante, epidemias periódicas, escasez de suministros y protección militar insuficiente. Una espiral que explica el hecho de que muchos de los bohemios de *Le Tilleul* desaparecieran de los registros[181].

Los numerosos censos regionales de la década de los años treinta, sitúan a las familias bohemias de *Le Tilleul* en Mobile, en un poblado indio llamado Thominea y en la región de Illinois; lugares donde algunos de los bohemios tomaron tierras para su explotación, tal como atestigua en 1727 el sacerdote Dumont de Montigney[182]. En cuanto a Nueva Orleans, sabemos que a finales de la década de los años veinte y comienzos de la siguiente, varias familias de las que llegaron en el *Tilleul* se hallaban viviendo en esta ciudad, en las cercanías de Ursuline[183], Saint Phillip y Royal Street; y a una manzana de distancia, las familias de Deslauries y Belhumour en la calle Bourbon[184].

181   OSTENDORF, Ann (2021). "Louisiana Bohemians…", pp. 15-16.
182   *Ibídem*, p. 16.
183   *Ibídem*
184   *Ibídem*

La continuidad de su avecindamiento y su relación con la milicia, ha permitido a Ann Ostendorf hacer un seguimiento de varios miembros de estas familias. En 1770, cinco hombres pertenecientes a la familia de La Fontaine[185], residentes en Ursuline y Bourbon, aparecen en el censo con la etiqueta de "bohemes", junto con su cuñado Jean Louis Casberg, nieto de Jean Evrard. Estos mismos hombres, junto con los de La Prairie y otros miembros de familias bohemias locales, habían sido enviados unos años antes al puesto de Arkansas en una misión militar. En 1778, volvió a inscribirse en el censo como "Boheme", a Laurent La Fontaine y Jean Luis Casberg, con sus respectivas familias, quienes seguían viviendo en el mismo lugar. Un domicilio que los descendientes de La Prairie, La Fontaine, Pantinet y Casberg, a los que en el censo ya no se les identificaba como bohemios, mantenían en 1808 en la parte este del Barrio Francés, en las calles Ursulines y Bourbon[186].

Los administradores coloniales valoraron positivamente la llegada de estas familias, tanto por su esfuerzo poblacional por abandonar toda o parte de su forma de vida itinerante, como por hacer productivas nuevas

---

185 Jean Frederic La Fontaine ejerció como tamborilero en el ejército. *Ibídem*, p. 17.
186 *Ibídem*, pp. 16-17.

tierras. Una estima ganada por su buena disposición para trabajar, no solo para su propia supervivencia, sino también por el imperio colonial, logrando una eventual posición y aceptación como blancos, a pesar de que Nueva Orleans estuviera, desde sus inicios, bajo prejuicios y prácticas raciales. De esta forma, la identidad racial bohemia se fue diluyendo bajo los diferentes dominios coloniales[187], sin dar motivos de represión a sus autoridades, más preocupados en el control de los esclavos y de las tribus indias, consideradas estas como las mayores amenazas para un orden social estable[188].

Solo los descendientes de bohemios que se mezclaron con indios nativos y africanos, acabaron siendo víctimas de una jerarquía racial, nacida y dependiente de una economía de plantación basada en la mano de obra africana esclavizada y en la destrucción del poder indígena[189].

---

187 *Ibídem*, p. 1
188 *Ibídem* p. 5. Sin la presión de llevar una vida itinerante en la colonia, los bohemios de Luisiana se integraron en su nuevo hogar de la forma más significativa para ellos. Utilizaron las instituciones del Estado y de la Iglesia en su beneficio, tanto para proteger sus derechos legales para proteger sus bienes, como para legitimar su condición racial.
189 *Ibídem* p. 6.

4.1.4. Una sociedad racial y legalmente dividida

La sociedad de Luisiana se hallaba constituida básicamente entre personas libres y esclavas, pero aún dentro de estas categorías existieron divisiones, presentes en censos como el de 1726, en donde los colonos blancos europeos se repartieron en tres categorías: los "habitants", con libertad de movimiento y poder para adquirir tierras; los "engagés" o contratados, que venían de Europa con el compromiso de trabajar durante un determinado tiempo para un colono, tras el cual podían pasar a engrosar el grupo de los "habitants", cuyo número fue descendiendo conforme finiquitaba su obligación y se incrementaba el contingente de esclavos de origen africano traídos por la Compañía de Indias; y, por último, los militares[190]. Todos los cuales vivían en su mayor parte, en los asentamientos de la costa del Golfo y en la parte baja del Mississippi, siendo la ciudad de Nueva Orleans la que concentraba la mayor proporción de colonos.

Aparte de campesinos franceses instalados en los territorios de los indígenas Natchez y Natchitoches, también fue importante la presencia de familias campesinas alemanas, las que, carentes de esclavos,

190 SOLÓRZANO FONSECA, Juan Carlos (1997). *Las poblaciones indígenas*, p. 35

constituyeron la mayor parte de los colonos dedicados al cultivo de las tierras situadas a unas 25 millas al norte de Nueva Orleans[191].

En 1746, Luisiana contaba con alrededor de 3.300 colonos, 600 soldados y 4.100 esclavos. Estos últimos, según el censo de 1726, existían 1.385 esclavos de origen africano y 159 indígenas en condición de esclavitud[192]. Una población insuficiente para desarrollar una agricultura de carácter comercial ultramarino. Los colonos, además de cultivar cereales, también lo hicieron con el tabaco e índigo para su exportación[193], introducir desde África el arroz, un producto que los esclavos sabían cultivar y que se adaptaba a las zonas pantanosas del terreno, constituyéndose en un gran recurso en los momentos de escasez de otros productos alimenticios[194].

Los bohemios y las bohemias se casaron entre sí, consolidando su blancura legal y creando vínculos familiares durante mucho tiempo[195]. No obstante,

---

191 *Ibídem* p. 35

192 *Ibídem*, p. 35.

193 *Ibídem*, p. 39.

194 *Ibídem*, p. 40.

195 Entre los matrimonios celebrados se hallan los de Louise Castel, con Pierre Lorpandelle Pantinet; el de su hermana Marie Castel con Louis La Prairie en 1766. Posteriormente, entre

hubo otras familias que tomaron un camino diferente y acabaron siendo registradas con la etiqueta bohemia cuando ampliaron sus relaciones sociales con personas de color, lo que hizo etiquetarles como bohemios de forma más sistemática. El caso de matrimonio interracial más antiguo, fue el celebrado en 1725 entre Marie Jacqueline Gaspart con Jean-Baptiste Raphaël, un "negro libre" nativo de Martinica. Lo interesante del asiento parroquial, es que, al considerarse a Marie como una mujer blanca, para que su matrimonio mestizo no fuera ilegal, sólo requirió de un permiso especial expedido por el comandante general. De este matrimonio nacieron tres niños, registrándose en 1731 una niña como "negresse", sin indicar en los registros de bautismo la filiación étnica de la madre, lo que no ocurrió con el del entierro de su hija Marie en 1746, en donde se describe a la niña fallecida como "hija de Baptiste, negre libre y una bohemia"[196].

El caso de Marie Jacqueline Gaspart ha tomado entre los estudiosos de historia social de Luisiana un gran interés por ser un matrimonio interracial, pero

---

otros, se produjeron los de Valentine La Fontaine con Marie La Garenrie en 177; el de Pierre Louis Pantinet con Ana Maria La Fontaine en 1786. En OSTENDORF, Ann (2021). "Louisiana Bohemians...", p. 18.

196 *Ibídem*, p. 19.

según Ostendorf, ninguno ha considerado en profundidad la identidad bohemia de Marie, por lo que no han analizado el término "bohemio" como una categoría significativa ante la escasa información existente. Aún más, cuando una anotación marginal posterior[197] señaló al matrimonio como "negres libres". Si bien, sus descendientes quedaron marcados con la etiqueta de bohemios durante las dos generaciones siguientes[198].

4.2. La Luisiana española
4.2.1. El cambio de dominio hispano-francés

Hacia mediados del siglo dieciocho, Inglaterra incrementó la presión militar sobre las posesiones coloniales de España y Francia; siendo con William Pitt, primer ministro inglés, cuando el poderío militar y

---

197 Entre las especulaciones que pretenden explicar este añadido posterior, se halla la de suponer que el matrimonio era ilegal, ya que en el *Louisiana Code Noir*, que había entrado en vigor el año anterior a la boda, se prohibía explícitamente "a nuestros súbditos blancos de cualquier sexo, contraer matrimonio con negros". Otros, sin tener en cuenta la identidad racial de Marie han especulado con la posibilidad de que su madre, nacida en Flandes, según el certificado de matrimonio y los registros de Le Tilleul, fuera una mujer de ascendencia africana. En OSTENDORF, Ann (2021). "Louisiana Bohemians...", pp. 19-20
198 *Ibídem*, p. 19.

marítimo británico emprendió una campaña bélica con el objetivo de expandir su imperio colonial. De esta forma, desde 1739 hasta 1750, sostuvo con España una guerra en el Caribe; y desde 1746, con Francia en Canadá. Unos conflictos bélicos que derivaron en 1756, en la llamada Guerra de los Siete Años. El desgaste de Francia, que también combatía contra Prusia, hizo que en 1762 firmara la paz con Inglaterra y cediera la Luisiana a España por el Tratado de Fontainebleau en noviembre de ese año[199].

La corona española, que había emprendido una colonización en la Florida con el envío de centenares de colonos entre 1757 y 1761, al caer esta en manos británicas en 1763, decidió poblar Luisiana, a donde llegaron entre 1777 y 1783 unos dos millares de colonos canarios, quienes fundaron varias poblaciones, entre ellas: San Bernardo y Valenzuela[200].

El inicio del dominio español, no obstante, empezó mal debido al pésimo gobierno de Antonio de Ulloa, quien rigió la colonia desde 1768 mediante diversas disposiciones que chocaron con las autoridades y

---

199 *Ibídem*, p. 50.
200 HERNÁNDEZ GONZÁLEZ (2008). p. 13. La emigración canaria a América a través de la historia, en *Cuadernos Americanos: Nueva Epoca*, Vol. IV, nº 126, p. 150.

las poblaciones francesa y acadiana[201], poco gustosos de haber pasado a ser súbditos españoles. Este mal entendimiento derivó en la revolución del 28 al 30 de octubre de ese año, que provocó la destitución de Ulloa y el nombramiento del general O' Reilly como nuevo gobernador, quien, en agosto del año siguiente, sometió a los rebeldes y reorganizó la colonia; a partir de lo cual, aumentó el flujo de nuevos inmigrantes[202].

4.2.2. El Código Negro

Paralelamente, al debate abierto en el Consejo de Castilla sobre el envío de gitanos y gitanas españolas a Luisiana, la colonia bohemia bajo dominio español mantuvo la misma política que se practicó durante el periodo francés, manteniendo el llamado Código Negro. Un decreto aprobado en 1685 por Luis XIV, para definir, entre otras cuestiones, las condiciones que debían regir en el sistema esclavista del imperio

---

201 Los primeros grupos de acadianos, procedentes de las colonias inglesas de Georgia, Carolinas y Maryland, se establecieron en la ribera izquierda del Misisipí en 1758, en plena guerra entre Francia e Inglaterra. En SOLANO COSTA, Fernando (1951). "La emigración acadiana a la Luisiana española (1783-1785)", en *Cuadernos de Historia Jerónimo Zurita*, nº. 2, pp. 87-88.
202 *Ibídem*, p. 89. 85-125.

colonial francés, y la adopción del catolicismo como única práctica religiosa.

Entre las mujeres bohemias que desafiaron este Código se hallaron la viuda Varangue y su hija Babé[203], acusadas de no respetar las normas sexuales codificadas en dicha ley. Su historial comienza en 1772, cuando el comandante Etienne Layssard se quejó a sus superiores sobre la mala moralidad de estas mujeres, especialmente de Babé, "tanto por el comportamiento [...] como por las palabras que utiliza con los indios", por lo que consideraba podía "ser muy peligrosa" si no se procedía a "encarceladas para su corrección". A ellas vino a añadirse otra hija de Varangue, la india apalache Loucha, así como un tal M. Bonnite, pariente de estas mujeres, para los que Layssard recomendó su deportación, por el riesgo de que pusieran "a los indios en peligro de volverse revoltosos"[204].

Un segundo caso de matrimonio entre una mujer bohemia de Luisiana -la viuda María Andrea "Gitana"- y un hombre libre de color -Bautista Rafael "Negro"-,

203 Babé fue fruto del segundo matrimonio de Varangue con un inmigrante español. Tuvo varios hijos con un apalache llamado Salmon, algo excepcional por cuanto los apalaches rara vez se casaban con alguien que no fuera de su tribu. *Ibídem*, p. 24.
204 OSTENDORF, Ann (2021). "Louisiana Bohemians...", p. 23.

se produjo en primero de mayo de 1779. El casamiento se inscribió en el libro de matrimonios de no blancos de la catedral de San Luis de Nueva Orleans[205], algo que no ocurrió en otro matrimonio interracial, entre una mujer bohemia y un hombre blanco. Dos muestras que, para Ostendorf, ponen de manifiesto la ambigüedad racial de los gitanos en la colonia. Aún más, cuando a pesar de que la Iglesia española no prohibía tales matrimonios en Luisiana, el Estado español sí lo hacía conforme el *Code Noir* francés[206]; de tal forma, que cualquier mujer española que se casara o se asociara con un hombre de color era objeto de un gran estigma. Por esta causa, el sacerdote español decidió etiquetar a la novia como gitana, para justificar la celebración de dicho matrimonio, posiblemente por considerar una excepción permitir una boda legal a través de la línea de color colonial[207].

---

205 *Ibídem*, p. 20.

206 *Ibídem*, pp. 20-21.

207 OSTENDORF, Ann (2021). "Louisiana Bohemians...", pp. 20-21. La etiqueta de bohemia siguió inseparable para los descendientes de varios bohemios de Le Tilleul en el puesto de Rapides del río Rojo, a unos 130 kilómetros al oeste de Natchez. Los censistas que visitaron una de estas granjas asignaron a Louis La Prairie y a sus hijos la etiqueta bohemia tanto en 1773 como en 1788. La Prairie se había casado con la nieta del bohemio Christophe, que había llegado con sus padres bohemios en Le

4.2.3. El debate de la deportación de los gitanos españoles a Luisiana

Dado por cerrado el frustrado proyecto de exterminio iniciado en 1749, se abrió en el seno del Consejo de Castilla un debate sobre la política y destinos que se debían dar a los gitanos. Como hemos visto anteriormente, se encargó la realización de sendos informes en este sentido a los fiscales de dicho Consejo, Lope de Sierra y Campomanes. Este último, en marzo de 1764, recuperando viejas propuestas[208], sugirió la colonia de Luisiana entre otros destinos americanos[209], con objeto de incrementar la población y deshacerse de ellos en territorio peninsular mediante su asimilación entre el resto de colonos, a través de la asignación de tierras con las que tener la oportunidad de convertirse en

---

Tilleul. Su suegra -hermana de Marie Gaspart-, la viuda Varangue, a la que los administradores locales se referían a menudo como bohemia, vivía cerca. Según el censo del puesto de Rapides de 1773, se hallaba registrada como *boheme*, vivía con dos hijos y una nieta que habían sido concebidos extramatrimonialmente. Poseía once caballos, nueve cabezas de ganado vacuno y ocho cerdos en su granja cercana a un poblado apalache. *Ibídem* p. 22.
208 GÓMEZ ALFARO, Antonio (1982). "La polémica sobre...", pp. 12 y 13.
209 *Ibídem*, p. 10.

vasallos útiles a su rey y *"desarraigar de España estos perniciosos vagantes"*.

De esta forma, los gitanos que habían alcanzado su libertad tras la reconducción de la redada de 1749, se propuso deportalos a la Luisiana y otras colonias americanas[210], donde debían ser asimilados mediante la asignación de una "porción de tierra como a los demás pobladores", así como repartirlos en pequeños grupos entre los diferentes pueblos, para de esta forma "evitar todo recelo en lo sucesivo". En cuanto a "los niños, niñas y jóvenes gitanos de los que están permitidos en el Reino, y que en realidad no tengan oficio conocido y no afectado", se sugirió el extrañamiento de estos pequeños a las colonias para casarlos "recíprocamente con los naturales del país y no entre sí, con la advertencia de no poner muchos en cada pueblo". Estas propuestas estaban basadas en la presunción de la "maldad" innata del gitano, una etiqueta maldita que acompañó al colectivo gitano durante más de dos siglos. Basta señalar la justificación que hizo Campomanes a la hora de seleccionar los territorios anteriormente propuestos, al precisar que en ellos abundaban "los ganados y caballerías", circunstancia que hacía insignificante su

---

210 *Ibidem.*

valor, lo que anulaba "la causa del crimen más común de los gitanos, que es el abigeato".

Lope de Sierra, al contrario que Campomanes, se mostró contrario a la propuesta de expulsión y exterminio de la raza. En lugar de ello, recomendó la dispersión de las familias gitanas por el territorio peninsular y la prohibición de abandonar sus poblaciones, una práctica que se había llevado a cabo en tiempos de Felipe V. Posteriormente, Campomanes, reconsiderando su propuesta anterior, en marzo de 1764 volvió a plantear de forma más matizada su idea de la deportación, esta vez aceptando la estancia de las personas adultas en poblaciones cerradas, si bien, se mantenía firme en su idea de extrañar a las colonias, a todos los gitanos desde su más "tierna edad"[211].

El debate, no obstante, no se cerró hasta que en febrero de 1771, el conde de Aranda comisionó a Campomanes y a Pérez Valiente, para dar traslado a los diferentes acuerdos alcanzados en el asunto. Así, en la consulta final de 22 de enero de 1772, entre otros puntos, se vio conveniente emplear a varones mayores de 16 años, con necesidad de corrección, al servicio de la Marina. En tanto al resto de la población gitana y

---

211 MARTÍNEZ MARTÍNEZ, Manuel (2010). "Los gitanos y la prohibición...", p. 85.

para provecho del Estado, mezclarlos entre los honrados pobladores de "nuestras colonias más distantes", como era el caso de la Luisiana[212].

4.2.4. El final del dominio español

A pesar de que la presencia española se vio reforzada con la firma del Tratado de Versalles en 1783, por la que Inglaterra entregó a España toda la Florida, incluyendo la provincia de East Florida, donde todavía los ingleses mantenían una guarnición en la fortaleza de St. Augustine y vivían alrededor de 7000 ingleses leales a la corona, quienes se habían refugiado en esta provincia, a fin de escapar de la guerra en las trece colonias. Gran Bretaña cedió este territorio a fin de recuperar las

---

212 *Ibídem*, p. 22. Se precisaba igualmente que para evitar el rechazo de la población autóctona hacia los gitanos, se procurara "no lleven semejante nota de infamia a los dominios ultramarinos y sean allí despreciados". Campomanes, quien no pudo estar presente en la votación final, dejó constancia ante el gobernador del Consejo, su proyecto de separación de sexos para los gitanos mayores de 15 años, distribuyendo a las mujeres en diferentes partes del continente americano, para que se casasen con indios, mestizos o criollos. Los hombres, en cambio, se destinarían a territorios insulares, donde por su corta extensión territorial no pudiesen vagar y forzarlos a casarse con isleñas.

Bahamas tomadas por los españoles en el transcurso de la guerra[213].

Luisiana a finales de la dominación española era una colonia muy diferente de lo que había sido cuarenta años atrás. La población colonial en toda la región del Valle Bajo del Mississippi se había multiplicado en más de un 300% durante esos cuarenta años. A mediados de la década de 1780, el total de los no indígenas sumaba alrededor de 30.000 individuos, de los cuales 16.000 eran esclavos, 13.000 blancos y unos 1.000 negros y mulatos libres[214].

La publicación de la Real Cédula de 22 de enero de 1782 sobre libre comercio para la Luisiana estimuló la inmigración. Un incentivo, que animó al irlandés Agustín de Macarty en 14 de agosto de 1787, para

---

213 *Ibídem*, p. 59. España aprovechó la dispersión de las fuerzas inglesas durante la guerra de Independencia de Estados Unidos para aumentar su dominio en el sureste norteamericano. Así, el gobernador Gálvez organizó una fuerza militar de 1400 hombres, en la que integró, además de soldados españoles, a colonos de origen alemán y francés, entre los que probablemente se hallaron los descendientes de los bohemios pioneros. También participaron en la expedición militar, indígenas, negros libres, en incluso, esclavos. El éxito de la incursión se tradujo en 1779 e las capturas de Baton Rouge y Mobile, y posteriormente con la de Pensacola en 1781.

214 *Ibídem*, p. 60.

dirigir un memorial al rey, proponiendo trasladar a esa colonia, a "dos o tres mil personas irlandesas de religión católica, para aumentar la población de esa provincia, mediante la condición de que se les diesen los mismos auxilios que a los acadianos que se llevaron de Francia". Una repoblación que pretendía contener la expansión de los Estados Unidos hacia el Middle West[215]. Igualmente, a primero de marzo de 1788, otro irlandés, James Kennedy, vecino de Nueva Orleans, reincidió ante el gobernador español de Luisiana, en un aumento de la población con irlandeses acomodados a cambio de determinadas exenciones y moratorias tributarias, corriendo los gastos de transporte a cargo de la Real Hacienda, lo que dicho gobernador consideró una proposición ventajosa por no suponer coste económico a la corona, y además, supondría, tanto la posibilidad de entablar relaciones con Irlanda y otros países, como el aumento de caudales que aportarían los inmigrantes con buenos recursos económicos. Una idea que es recogida en la Real Orden de 14 de mayo de 1789, donde al tiempo de desestimar la aspiración

---

215 SOLANO COSTA, Fernando (1993). "La colonización irlandesa de la Luisiana española: dos proyectos de inmigración", en *Revista Acta Académica*, nº 12, pp. 89-92. http://revista.uaca. ac.cr/index.php/actas/article/view/1196/1487.

de Macarty, se expuso el propósito de la corona para fomentar el establecimiento de familias acomodadas, consideradas más útiles que los pobres colonos irlandeses[216]. Sin embargo, por dicha Orden, y a pesar del gobernador Miró, el rey también desestimó la proposición de Kennedy, justificando el rechazo de forma contradictoria, por cuanto se decía que se debía a la existencia de otras proposiciones de bajo coste, también se debía a que se quería evitar "dar motivos de celos a la Inglaterra ni de que en consecuencia de ellos manifestase o concibiese alguna queja", cuando por Real Decreto de 8 de julio de 1787 se había creado la Junta Suprema de Estado, la cual pretendió convertir la Luisiana en una barrera que hiciera frente a las ambiciones expansionistas estadounidenses, con lo que España perdió la oportunidad de incrementar suficientemente el contingente demográfico de la Luisiana[217]. Y, aunque aumento considerablemente el comercio en Luisiana, no compensó el costoso esfuerzo militar para defender la amplia frontera con EE.UU, causa por la que Godoy consideró más oportuno, ceder Luisiana a Francia para que actuara de muro de contención a la

---

216 *Ibídem*, p. 91.
217 *Ibídem* p. 92.

expansión yanqui; y de esta forma, aprovechar mejor los recursos para defender a Nueva España[218].

De esta forma, en diciembre de 1795, el gobierno español ofreció a Francia, sin éxito, la permuta de Luisiana por el este de la isla de Santo Domingo. Una negativa que acabó beneficiando a Francia, ya que cuatro años más tarde recuperó Luisiana a cambio de la promesa de Napoleón Bonaparte de conseguir un trono en Italia Central para el hermano de la reina consorte, María Luisa de Parma.

La firma del Tratado de San Lorenzo entre España y EE. UU en octubre de 1795, señaló el comienzo de la total retirada de España de la región del Valle del Mississippi. Finalmente, en primero de octubre de 1800, España convino secretamente la cesión de Luisiana a Francia, con la condición de que esta no la vendiera a otro país. Tomada en posesión del territorio el 15 de octubre de 1802, Napoleón no tardó en incumplir el acuerdo, y vendió Luisiana a Estados Unidos[219].

4.2.5. La battue de 1802 en el País Vasco francés

Vuelta Luisiana a manos francesas, la idea de las deportaciones a las colonias de ultramar había vuelto a

---

218 *Ibídem*, p. 68.
219 *Ibídem*, p. 68.

retomarse al comienzo del reinado de Luis XVI, cuando el intendente de Bayona se quejó a su superior, de lo difícil que era volver a los bohemios "a una forma de vida útil", siendo la mejor solución, la de encerrarlos y distribuirlos en prisiones, o bien, deportarlos a las colonias. Sin embargo, esta propuesta fue rechazada por el intendente de Burdeos, al considerar lo inconveniente que resultaba "imponer las penas contra todos aquellos que la componen -la clase de bohemios-, ni echarlos de los cantones donde nacieron, para ir a otro a llevar una vida más miserable"[220].

Pocos años más tarde, la vieja idea de la expulsión fue recuperada en 1802 por el general Bonifacio Luis Andrés de Castellane, prefecto de los Bajos Pirineos, quien, sin demostrar la autoría, acusó a los bohemios de los delitos de bandidaje que denunciaban sus administrados[221], sugiriendo "enviar esta casta nómada a una colonia donde se vería obligada a trabajar por su subsistencia"[222]. Luisiana fue el territorio ultramarino propuesto por Castellane, en donde debían completar,

220 VAUX DE FOLETIER, François (1968). "La gran rafle...", p. 13.
221 También eran conocidos como *bouamiacs*, *cascarots* o *biscayens*.
222 VAUX DE FOLETIER, François (1968). "La gran rafle...", pp.13-22.

como trabajadores forzados, el trabajo esclavo que desde el 20 de mayo de 1802 había restablecido el triunvirato consular en las colonias.

La battue, tal como la denominó la administración francesa a la redada que se ejecutó en la noche del 6 al 7 de diciembre de 1802 en el País Vasco francés, contó con el apoyo coordinado de las autoridades municipales, así como de los guardias nacionales, la gendarmería, de las tropas de línea. Además, con objeto de evitar la entrada en España, tropas españolas colaboraron con las francesas para cerrar por ambos lados de la frontera, lo que no impidió que algunos consiguieran eludir el arresto pasando a territorio español, a pesar del celo desplegado por las autoridades vascas y navarras.

En el caso navarro, su virrey ofreció poner tropa en la frontera y entregar a "todo gitano que capture". Una colaboración con la que Carlos IV estuvo de acuerdo, ordenando se impidiese en sus dominios, el refugio de los gitanos que cometieran delitos. Una colaboración que el prefecto de los Bajos Pirineos agradeció, no sin advertirle, que el apoyo que prestaban al proyecto francés, resultaría beneficioso para España, ya que, habitualmente, "estas familias malhechoras" traspasaban la frontera para lograr refugio y cometer delitos en una y otra parte[223].

En el artículo primero de la orden de prisión, se indicó que la captura debía dirigirse contra los "individuos conocidos como Bohemios, sus esposas e hijos que se encuentran en los distritos de Mauléon y Bayona", todos los cuales debían ser retenidos provisionalmente hasta decidir sus destinos. De esta forma, sin tener en cuenta si llevaban una vida nómada o estaban avecindados en una misma localidad desde varias generaciones, se ejecutó una redada que arrojó la captura de un total de 475 personas de ambos sexos y todas edades. Para su eventual encierro, se dispuso las poblaciones de Bayona, Mauléon y San Juan Pied-de-Port. Sin embargo, el director de las fortificaciones rechazó recibir el contingente bohemio, obligando al prefecto, bajo su propia responsabilidad, disponer de esa última ciudadela, cuyas prisiones eran inadecuadas para albergar a tanta gente[224].

---

223 MARTÍN SÁNCHEZ, David (2017). *El pueblo gitano en Euskal Herria*, Tafalla: Txalaparta, pp. 108-109.

224 No conforme con limitar la operación a la exclusiva captura de bohemios, Castellane provechó la ocasión para arrestar a algunos individuos no gitanos que habían "escapado al castigo que merecen". En VAUX DE FOLETIER, François (1968). "La gran rafle…, pp. 14-15.

Las dificultades para completar la operación no acabaron con este tropiezo, pues la Marina, en unos momentos que la amenaza de guerra con Inglaterra era un hecho, expuso que no contaba con suficientes navíos para transportar a Luisiana tanta gente[225]. Paralizado el proyecto, las víctimas de la redada hubieron de esperar varios meses en prisiones como La Rochelle, donde sus responsables sanitarios se mostraron preocupados por el aumento de enfermedades como la "disentería maligna y pútrida y alimañas entre los niños, sarna". Una situación sanitaria que amenazaba con empeorar en la época estival[226].

Finalmente, el plan previsto fue descartado definitivamente en junio de 1803, cuando Napoleón, necesitando dinero y evitar enfrentamientos con Inglaterra en América, vendió la Luisiana a los Estados Unidos por el tratado de 30 de abril de 1803, con lo que todos los bohemios, anteriormente franceses y españoles, pasaron a ser ciudadanos estadounidenses[227].

---

225 TORRIONE, Margarita (1988). *El dialecto caló y sus usuarios: la minoría gitana de España. Materiales para una identidad. Ss. XVIII & XIX* [tesis doctoral dirigida por Bernard Leblon], Universidad de Perpignan, p. 87.
226 VAUX DE FOLETIER, François (1968). "La gran rafle…, p. 16.
227 TORRIONE, Margarita (1988). *El dialecto caló…*, p. 87.

En cuanto a las víctimas de la redada de 1802, quedaron en la metrópoli a disposición del gobierno, hasta que a primero de junio de 1803, se proyectó confinarles en las Landas y darles tierras para su cultivo; así como ocupar a las mujeres en talleres. Si bien, el ministro del Interior consideró "más apropiado" dividir a los bohemios "en diferentes partes de la República" para ser empleados en obras de mayor consideración y utilidad[228].

La idea de la deportación y de colonizar sus posesiones ultramarinas por penados volvió a retomarse a partir de 1828, siendo Napoleón III, quien como presidente de la República Francesa, apostó en enero de 1850 por revitalizar la colonización de las colonias de La Guayana y Nueva Caledonia, utilizando de forma más eficaz la pena de trabajos forzados de los miles de penados que se hallaban en Tolón, Brest y Rochefort; los que además de causar un gran gasto, suponían "una amenaza continua a la sociedad", por cuanto en

---

228 VAUX DE FOLETIER, François (1968). "La gran rafle...", p. 17. Las autoridades francesas decidieron, entre otros destinos, enviarlos con grilletes en los tobillos a las salinas de la Camargue. En cuanto a las mujeres y los niños, se llevaron a los Alpes. En VV.AA (2006). "La France et les tsiganes", en *BT2-N*, nº 87, p. 11. https://docplayer.fr/55639211-Bt2-n-n-mots-cles-compatibles-motbis-3-racisme-exclusion-memoire-stereotypes.html.

su encierro se corrompían día a día, siendo necesario desarrollar en dichas colonias, una estrategia correctiva "más eficaz, moralizadora, menos dispendiosa y más humanitaria", utilizando estos penados en pro de la colonización francesa. Solo un año más tarde, en 21 de febrero de 1851 se nombró una Comisión para estudiar la viabilidad del proyecto. Excluida Nueva Caledonia por razones económicas y razones climatológicas y de salubridad, por decreto de 20 de febrero de 1852, se mandó establecer la colonia en Cayena, capital de la Guayana francesa, a donde se enviaron a partir del 31 de marzo de ese año, los reclusos del penal de Rochefort[229].

4.2.6. La venta francesa de Luisiana a Estados Unidos para convertirse en un Estado sureño de indios, blancos y negros

Los españoles temerosos del expansionismo de los Estados Unidos, estipularon en el acuerdo secreto firmado con Francia, que este país no cedería sus derechos sobre Luisiana a otra nación. Un año más tarde, Napoleón, incumpliendo el pacto, vendió el territorio de Luisiana a los Estados Unidos.

---

229 CADALSO y MANZANO, Fernando (1895). *La pena de deportación...*, pp. 9-10.

La identidad bohemia acabó diluyéndose al imponerse una concepción simplificada de categorías e identidades raciales más poderosas: la india, la blanca y la negra. Los blancos, situados en la cúspide, eliminaron cuantos privilegios se habían logrado anteriormente, dejando menos margen de maniobra de la que los bohemios gozaron bajo franceses y españoles. De esta forma, los bohemios, en su decisión de ser vistos como blancos, dejaron de insistir en su insistencia por ser reconocidos como bohemios dentro de la categoría de blancos libres, con lo que su identidad racial acabó pasando desapercibida[230]. Si bien, la pérdida de la etiqueta racial fue diferente para los bohemios mestizos, quienes se hallaron en un difícil equilibrio, por el que las ventajas de la blancura fronteriza con otras identidades raciales acabaron desapareciendo para sus descendientes blancos, negros y nativos, pasando muchos a ser considerados gente de color[231]. No obstante, la mayoría, por el temor de que sus descendientes fueran objeto de prejuicios y rechazo, siguieron insistiendo en

---

230 OSTENDORF, Ann (2021). "Louisiana Bohemians...", p. 7.
231 *Ibídem*, p. 25

su blancura y en todos los beneficios que conllevaba, y garantizar la situación dentro de la blancura colonial[232].

La razón de esta decisión asimilacionista residió en un intento de soslayar, las consecuencias derivadas de la ideología supremacista blanca de los estadounidenses, quienes consideraban al hombre blanco superior a todas las razas humanas, y que tenían a los *pieles rojas* como seres infrahumanos, a los que era legítimo dominarlos y excluirlos de su sociedad[233]. Así pues, hubieron de buscar nuevas estrategias de supervivencia

---

232 Una de estas ventajas consistía en evitar los castigos corporales infligidos a manos de personas negras, por considerar que su posición blanca/bohemia, se hallaba socialmente en un nivel superior a la de los esclavos. Así lo consideró en 1743 un antiguo soldado bohemio llamado Jean Baptiste "La Chaume" Chevalier, condenado por falsificación y castigado con trabajos forzados, quien se quejó de haber sido "cruelmente tratado" durante su condena, habiendo sufrido agravio cuando fue castigado a manos de un "esclavo", ya que no mereció "ser maltratado por unos negros", puesto que estos no tenían derecho a pegar a un hombre libre. Una práctica de administrar justicia que pretendía degradar simbólica y estratégicamente a los hombres blancos. *Ibídem*, p. 25.

233 La ambición estadounidense no se paró con la adquisición de Luisiana, y continuó hasta despojar a los indígenas de sus territorios por medio de la coerción, el engaño, el cohecho y la violencia. SOLÓRZANO FONSECA, Juan Carlos (1997). *Las poblaciones indígenas...*, p. 70,

en una nueva sociedad, dividida racialmente y con una rígida jerarquía, en la que los blancos acapararon la propiedad de tierra y su producción mediante un sistema de plantaciones esclavistas[234].

A pesar de todo, la etiqueta *egipcia* siguió siendo utilizada en ocasiones en pleitos para reclamar tierras, intentando explotar la ambigüedad del término. Si bien, su invisibilidad hacia 1834 no era total, ya que en este año, Alexander Jones consideraba a los bohemios como blancos en el *The American Journal of Science and Arts*. Además, señalaba la existencia de "una colonia de "bohemios" en la bahía de Biloxi en Luisiana, que fueron traídos y colonizados por los franceses, de cuyos descendientes dijo que eran bohemios franceses y hablaban francés, llamándose a sí mismos egipcios o bohemios, que es como los franceses denominaban a los gitanos. Si bien, según Jones, "desde su colonización en este país, han perdido el carácter distintivo de sus hábitos ociosos y errantes", siendo considerados en aquellas fechas como individuos "educados, hospitalarios e inteligentes"[235].

Otra noticia de la presencia bohemia, esta vez referente a sus rasgos físicos, la dio en 1836, Henry

234 OSTENDORF, Ann (2021). "Louisiana Bohemians...", p. 66.
235 *Ibídem*, pp. 27-28.

Bullard presidente de la Sociedad Histórica de Luisiana, quien al hacer un repaso de los orígenes y asentamiento de la población regional afirmó que en el Distrito Occidental, se hallaban "algunas familias de origen bohemio, que aún conservan la tez peculiar y la mirada salvaje, que caracterizan a esa raza singular"[236]. Un color de piel que Frederick Law Olmstead concretó en 1854, era similar a la de "negros, pero no muy negros", que "pasaban por blancos"; y que "se casaban con mulatas, en su mayoría", siendo "ciudadanos, tan buenos como cualquiera"[237]. Una apreciación que sigue vigente en la actualidad. Según la abogada y escritora gitana, Séfora Vargas, amigas y conocidas activistas de EE. UU con las que se puso en contacto, le confirmaron "que, a pesar de no existir mayores pruebas documentales al respecto, los gitanos en Luisiana, son queridos y siguen manteniendo su identidad gitana e incluso se nota claramente que, en Luisiana, hay hasta un acento especial que se manifiesta una fragancia cultural diferente"[238].

---

236 *Ibídem*, p. 28.
237 *Ibídem*, p. 29.
238 VARGAS MARTÍN, Séfora (2023). *Historia del Pueblo Gitano para dummies. La supervivencia de unos héroes silenciados.* Sevilla: Independently Publisher.

5. POLÍTICA ANTIGITANA DE OTRAS POTENCIAS COLONIALES EN AMÉRICA

En el resto de Europa, la política basada en la expulsión fracasó en la mayoría de los casos, ya que los países a los que fueron deportados fueron devolviéndolos a través de las fronteras, o bien, los mismos gitanos expulsos regresaron a sus lugares de origen. Sólo los países escandinavos y los Países Bajos consiguieron borrar todo rastro visible de gitanos durante más de dos siglos. En cambio, la mayoría de los demás gobiernos europeos hubieron de implantar la integración forzosa[239].

5.1. La política antigitana de Suecia

Es probable que desde Escocia, los gitanos arribaran a la península Escandinava. El conde Antonio es el primero en ser documentado en 1512 junto con una compañía de seis decenas de tártaros, que es como se les conocieron entonces, por creer ser tal su origen[240]. Según los protocolos judiciales de Estocolmo de dicho año, el 29 de septiembre dicho conde y séquito, llegó a Estocolmo con varias familias diciendo iban en peregrinación y que procedían del "Pequeño Egipto"[241].

En principio, aunque hubo cierta tolerancia, se constata una rápida erosión en las relaciones entre los naturales del país y los recién llegados. Una realidad

---

239   KENRICK, Donald (2007). *Historical dictionaries of peoples and cultures ofthe Gypsie s (Romanies)*, Lanham-Toronto-Plymouth: The Scarecrow Press, Inc., p. 39.

240   Al principio, por confundirlos con ellos, se les llamó tártaros, hasta que en la década de 1630 los suecos les empezaron a llamar gitanos. En HORVATNE, Iren (2009). *Förändringar i romers utbildningssituation i Sverige Changes in the education situation for Roman children in Sweden*, Malmö högskola Lärarutbildningen, p. 14.

241   FRASER, Angus (2005). *Los gitanos*, pp. 128-129.

que se confirmó a primero de octubre de 1515, cuando en estos mismos protocolos se estableció que a los romaníes no se les permitiera permanecer dentro de los límites de la ciudad de Estocolmo a causa de sus villanías y robos.

Fue en 1525, durante el reinado de Gustav Vasa cuando se decretó la expulsión de los romaníes si no abandonaban el país de forma inmediata[242]. Una política que sus sucesores mantuvieron.

En 1540 la corona sueca comenzó a perseguirlos para lograr su expulsión, siguiendo el ejemplo del reino noruego-danés, que en 1536 había ordenado dicha medida. Así, Johan III, además de tratar a los gitanos como esclavos y destinarlos a trabajar en las minas; en 1576 ordenó desterrarlos del reino, decretando además, ahorcar a cuantos romaníes intentaran volver al país.

En estas fechas, las relaciones de poder entre la corona y la Iglesia cambiaron, favoreciendo un control más estricto sobre la población, cooperando la Iglesia en la política xenófoba estatal y el rechazo a la presencia gitana. Ya en 1560, el arzobispo luterano Laurentius Petri, comunicó al rey, que "con los tattars, el sacerdote no hará nada, ni enterrarán sus cuerpos ni bautizarán a sus hijos"; llegándose en 1594, a prohibirse

---

242 KENRICK, Donald (2007). *Historical dictionaries...*, p. 21.

todo contacto con ellos. Una especie de apartheid que desembocó en 1617, cuando el Riksdag de Örebro dispuso la expulsión de mujeres y niños romaníes, en tanto a los hombres se les debía dar la muerte[243].

La represión creció considerablemente durante la década de 1620, abriéndose numerosos procesos judiciales contra los romaníes relativos a hurtos, fraudes, adivinación, magia y violencia[244]. Excluidos, perseguidos y ejecutados, o en el mejor de los casos asimilados, el 28 de julio de 1637, la reina Cristina de Suecia y Finlandia promulgó el llamado "tattarplakat" -*Placat om Tatarnes fördrifwande af landet*-, aunque debió tener muy poco efecto, ya que poco después se promulgó un decreto similar, con escasa repercusión. Se estableció que todos los tattars debían ser expulsados en el plazo de un año, y los no expulsados debían ser asesinados por el pueblo llano. Sin juicio previo, todos los varones tattars del país podían ser ahorcados y las

243 GRANQVIST, Kimmo (2021). "Critical evaluation of Romani inclusion strategies in Finland and Sweden", en *Journal of Contemporary European Studies*, 29, p. 36. https://www.tandfonline.com/doi/full/10.1080/14782804.2020.1801394.
244 *Ibídem*, p. 36.

mujeres y los niños deportados[245]. Para ello, se facultó y recompensó con ciertas cantidades de dinero, a aquellos que encontraran gitanos después del 8 de noviembre, a los que podían ahorcar y cobrar una recompensa. Ante la persecución que se produjo, los gitanos tuvieron que esconderse en los bosques y en el campo.

En 1642, la reina Cristina promulgó una nueva ordenanza sobre los tattars dentro del corpus legal relativo a los mendigos y a los pobres, estableciendo que aquellos que fueran condenados "por robo u otro acto ilegal e iniquidad", debían ser ejecutados de forma inmediata, en tanto que los mendigos y los pobres, serían expulsados del país. En caso de regresar debían ser presos y puestos a trabajar con grilletes, recibiendo como sola alimentación, una ración y de agua y pan[246].

En esta coyuntura, el reino de Suecia también pretendió dominar parte de Norteamérica, concretamente, la región que hoy día es el estado de Delaware, aprovechando el vacío dejado por los holandeses tras

---

245 ATTERLING, Peter (2014). *Från utvisning till integration - den statliga och vetenskapliga synen på romer i Sverige under 1900-talet*, Universidad de Lund, p. 15. Si bien, en el caso de hallárseles después del 8 de noviembre, las autoridades tenían la facultad de poder matarlos sin ser castigados por ello. GRANQVIST, Kimmo (2021). "Critical evaluation...", p. 36.
246 *Ibídem*, p. 36.

la masacre de 1682 a manos de los indios, solo un año después de que aquellos establecieran el primer asentamiento europeo en esas tierras.

En 1638, Suecia formalizó sus pretensiones de dominio con la construcción de Fort Christina, en la actual ciudad de Wilmington. Más tarde, la colonización sueca se extendió por el Delaware río arriba, hasta llegar a Filadelfia, sin que la población llegara a superar los mil colonos[247]. Unos hechos consumados que no aceptaron los neerlandeses, quienes en 1655 lograron

---

247 El sistema de colonización empleado fue el llamado *patroon*, por el que se entregaban tierras a quienes enviasen a América un mínimo de cincuenta colonos mayores de quince años. En general, para extender la colonización al interior, cada uno de ellos recibía un dominio de 25 kilómetros a lo largo de la ribera de un río o bahía, o bien, 12 kilómetros en ambos márgenes de un cauce fluvial, con la condición de permanecer al menos diez años, vender los productos al terrateniente y abonarle una renta anual o cederle un tercio de la cosecha. A cambio, el *patroon* estaba obligado a proporcionar los materiales necesarios para edificar las granjas, graneros y heniles, los aperos de labranza, esclavos negros, un maestro de escuela y un sacerdote. GUTIÉRREZ ESCUDERO, Antonio (1991). "Los holandeses en América del Norte y el Caribe en el siglo XVII", en NAVARRO GARCÍA, Luis (coord..). *Historia de Las Américas*, Vol. II, Sevilla: Universidad de Sevilla/Alhambra, pp. 786-787. https://digital.csic.es/bitstream/10261/49773/1/Binder1.pdf.

recuperar la colonia, hasta que nueve años más tarde, los ingleses la incorporaron a su imperio[248].

El inestable dominio que Suecia ejerció sobre Delaware frustró los proyectos de deportación de población gitana, que la reina Cristina pretendió llevar a cabo en 1648[249]. Una idea que hubiera supuesto un importante giro en la política antigitana seguida por la corona sueca, casi desde los primeros momentos en que hicieron acto de presencia los primeros grupos de gitanos en aquel país.

En 1662, se emitió otro estatuto con el objetivo de expulsar del reino a todos los gitanos[250]. Y, aunque en 1748 se produjo un nuevo intento de expulsión de los gitanos extranjeros[251], se asumió el fracaso de esta política y se procedió a emprender la asimilación forzosa de la población gitana, aplicando la figura penal

248 En 1667, por la paz de Breda, los Países Bajos renunciaron a cualquier pretensión sobre esta colonia a cambio de que Inglaterra reconociera sus derechos sobre la Guayana holandesa. *Ibídem*, p. 787.

249 VAUX DE FOLETIER, François (1977). *Mil años de...*, Barcelona: Plaza & Janes, p. 63.

250 GRANQVIST, Kimmo (2021). "Critical evaluation...", p. 36.

251 KENRICK, Donald (2007). *Historical dictionaries...*, p. 23.

de vago y los trabajos forzados como castigo para los contraventores a las leyes.

5.2. Represión y purga étnica en los Países Bajos

El rechazo hacia la presencia gitana se manifestó pocos años más tarde de su llegada a estas tierras. En principio, ciudades como Brujas en 1439 y 1440 dieron sus limosnas con la condición de que quedaran fuera. Sin embargo, la reiteración de sus visitas, colmó la paciencia de autoridades como la de Damme, que en 1460 otorgó su limosna al conde Jehan, con la condición, bajo la amenaza de castigos y diferentes penas, a que el conde ni otro gitano regresara a la ciudad en el plazo de un año. Una política de exclusión que se mantuvo al incorporarse los Países Bajos al imperio de Carlos V[252].

El imperio colonial de los Países Bajos –Holanda y Zelanda-, tuvo su desarrollo en el periodo que comprende entre la tregua con España en 1609 y el Tratado de Breda con Inglaterra de 1667. Si bien, la colonización propiamente dicha no comenzó hasta la creación, en 1621, de la Compañía Holandesa de las Indias Occidentales, que vino a ser la sucesora de la Compañía de la Nueva Holanda, convirtiéndose,

---

252 FRASER, Angus (2005). *Los gitanos*, pp. 111-112.

durante gran parte del siglo XVII, en los principales proveedores de esclavos negros en América.

La política penal neerlandesa de deportación a su colonia americana de Delaware, no se llevó a cabo, según Noorlander, debido a la abundancia de empleo en los Países Bajos y a la ausencia de un estado poderoso y centralizado, junto con unas instituciones sociales y regulatorias eficaces de los Países Bajos. A todo esto habría de añadirse, como en el caso sueco, la propia inestabilidad que resultó del contencioso territorial con Suecia. Un conglomerado de circunstancias que circunscribieron el destierro y el trabajo penal solo a nivel local y regional[253].

Las primeras noticias de la presencia de zigeuners -gitanos- en los Países Bajos, data de marzo de 1420, cuando el duque "Andrés del Pequeño Egipto" llegó a Deventer, donde recibió además de 25 florines: comida, pan, pescado, cerveza, hierba para los caballos y alojamiento junto al ayuntamiento[254]. Mostraron la carta

---

253 NOORLANDER, D. L. (2023). "*Banishment, penal labor, and the quest for order in the early Dutch Atlantic world*", en *Atlantic Studies*, Vol. 20, pp. 1-26.

254 KAPPEN, Olav van (1965). *Geschiedenis der Zigeuners in Nederland. De ontwikkeling van de rechtspositie der Heidens of Egyptenaren in de Noordelijke Nederlanden (1420 - +/- 1750)*, Assen: Van Gorcu. Citado por MAGANO, Olga y D' OLIVEI-

de seguro del rey Segismundo y justificaron su viaje por haber sido expulsados de su tierra por profesar el cristianismo[255]. El buen trato recibido animó a nuevos grupos de zigeuners a visitar dicha ciudad en 1429, 1438, 1439 y 1441. Pero ya en 1445 y 1447 se les prohibió entrar en la ciudad y recibieron dinero para salir, lo que se repitió cuatro veces más hasta 1465, y la cantidad de dinero destinada a comprar la expulsión de los gitanos siempre fue disminuyendo[256]. Unas fechas que marcan la ruptura total de un periodo de buena acogida, y que se concreta en acontecimientos como la expulsión de la ciudad de Nijmegen en 1536 y 1543. Y por último, en 1544, con la publicación del primer edicto antigitano de la provincia de Gelderland, mandándose la expulsión del "gran número" de zigeuners que deambulaban por la región, molestando a la población, conminándoles con penas de castigo físico y confiscación de bienes;

RA, Tânia (2023). "Antigypsyism in Portugal: Expressions of Hate and Racism in Social Networks", en *Social Sciencies*, nº 12, p. 20. https://www.mdpi.com/2076-0760/12/9/511.

255 SZASZDI LEÓN-BORJA, István (2005). "Consideraciones sobre las cartas de seguro húngaras e hispanas a favor de los gitanos", en *La España medieval*, nº. 28, p. 221.

256 MAGANO, Olga y D' OLIVEIRA, Tânia (2023). "Antigypsyism in Portugal..." Expressions of Hate and Racism in Social Networks", en *Social Sciencies*, nº 12. https://www.mdpi.com/2076-0760/12/9/511, p. 23.

así como la prohibición de conceder salvoconductos y no reconocer los títulos nobiliarios que ostentaban[257].

Ya en el siglo XVII, los Países Bajos al igual que en el resto de Europa, excluyeron socialmente a los zigeuners tratándolos como parias, prohibiéndoles asentarse en Ámsterdam, hasta que oficialmente fueron desterrados después de 1695. Para los contraventores de esta disposición, se les reservó azotes públicos; y, en caso de reincidir, se les aplicaba la pena de la marca, quedando la pena de muerte en última instancia[258]. Una dura represión que, no obstante se incrementó durante el siglo XVIII[259] a través de una legislación discriminatoria que prohibía a cualquier persona con "sangre impura" el acceso a las universidades, a las órdenes militares y a determinadas profesiones[260]. Todo lo cual, junto a la prohibición de circular por el país, hizo que los zigeuners desaparecieran prácticamente ante esta severa represión[261].

---

257 FRASER, Angus (2005). *Los gitanos*, p. 114.
258 DONOVAN, Bill (1992). "Changing perceptions…", p. 36.
259 En 1728, por ejemplo, se produjo una gran cacería de gitanos. En KENRICK, Donald (2007). *Historical dictionaries…*, p. 23.
260 DONOVAN, Bill (1992). "Changing perceptions…", p. 40.
261 NOORLANDER, D. L. (2023). "*Banishment, penal labor…*", p. 1.

BIBLIOGRAFÍA

ATTERLING, Peter (2014). *Från utvisning till integration - den statliga och vetenskapliga synen på romer i Sverige under 1900-talet*, Historiska institutionen, Lunds Universitet.

BAROCO GÁLVEZ, María Fernanda (2014). *La otredad invisible. Estrategias culturales de los gitanos en España y la Nueva España. Siglos XVI-XVIII*, (Tesis doctoral dirigida por David Lagunas Arias), México, D.F: Escuela Nacional de Antropología e Historia.

BARRETO DE RANGEL MOREIRA CAVAL-CANTI, Irenilda Reinalda (2021). "Caça aos ciganos", en *Revista Impressões Rebeldes*, nº. 2. https://dokumen.tips/documents/caca-aos-ciganos-i.html?page=1.

BLOCH, Jules (1968). *Los gitanos*, Buenos Aires: Editorial Universitaria.

BUTLER, James Davie (1896). "British Convicts Shipped to American Colonies", en *American Historical Review*, 2, Oxford University Press on behalf of the American Historical Association, pp. 12-33.

CADALSO y MANZANO, Fernando (1895). *La pena de deportación y la colonización por penados*, Madrid.

CHESNEL, André (2018). *La note bleue: l'expression tsigane dans le jazz à travers la presse anglophone nord-américaine des années 1880 aux années 1940*. Histoire. Université de La Rochelle, 2018.

COELHO, Francisco Adolfo. (1892). *Os ciganos de Portugal; com um estudo sobre o calão*, Lisboa: Dom Quixote.

DONCEL, Carmen (2018). "Cuando Franco quiso mandarnos a Fernando Poo. Miedos y esperanzas en la memoria de un hombre gitano", en *Historia y Política*, nº 40, pp. 147-177.

DONOVAN, Bill (1992). Changing perceptions of social deviance: Gypsies in early modern Portugal and Brazil, en *Journal of Social History*, 26: 1, pp. 33-53.

FERNÁNDEZ SOTELO, Rafael Diego (1987). *Capitulaciones colombinas (1492-1506)*, Méjico: El Colegio de Michoacán A.C.

FRASER, Angus (2005). *Los gitanos*, Barcelona: Ariel.

GALLETTI, Patricia (2921). "Los gitanos como otro y como horizonte de otredad en la Hispanoamérica colonial (s. XV a XIX)", en *International Journal of Roma Studies*, 3(2), pp. 106-130.

GIL-BERMEJO, Juana y PÉREZ-MALLAÍNA, Pablo E. (1985). "Los andaluces en la navegación trasatlántica: la vida y la muerte en la carrera de Indias a comienzos del siglo XVIII", en Torres Ramírez, Bibiano y Hernández Palomo, José, J. (ed.). *Actas de las IV Jornadas de Andalucía y América*, T. I, Sevilla: Universidad de Santa María de la Rábida, pp. 271-296.

GÓMEZ ALFARO, Antonio (1982). "La polémica sobre la deportación de los gitanos a las colonias de América", en *Cuadernos Hispanoamericanos*, nº. 386, pp. 308-336.

- (1989). *El expediente General de Gitanos* (tesis doctoral), Madrid: Universidad Complutense.

- (1999). "Veto español a la presencia de gitanos en el nuevo mundo", en *Deportaciones de gitanos*. Madrid: Presencia Gitana, 1999. Páginas 9-41.

GRANQVIST, Kimmo (2021). "Critical evaluation of Romani inclusion strategies in Finland and Sweden", en *Journal of Contemporary European Studies*, 29, pp. 33-44. https://www.tandfonline.com/doi/full/10.10 80/14782804.2020.1801394.

GUTIÉRREZ ESCUDERO, Antonio (1991). "Los holandeses en América del Norte y el Caribe en el siglo XVII", en NAVARRO GARCÍA, Luis (coord..). *Historia de Las Américas*, Vol. II, Sevilla: Universidad de Sevilla/Alhambra, pp. 783-794.

HERNÁNDEZ GONZÁLEZ (2008). p. 13. La emigración canaria a América a través de la historia, en *Cuadernos Americanos: Nueva Epoca*, Vol. IV, nº 126, pp. 137-172. https://www3.gobiernodecanarias. org/medusa/mediateca/publicaciones/wp-content/ uploads/sites/4/2013/10/emigracion_canaria1.pdf.

HORVATNE, Iren (2009). *Förändringar i romers utbildningssituation i Sverige Changes in the education situation for Roman children in Sweden*, Malmö högskola Lärarutbildningen.

JULIÁN, Amadeo (1997). *Bancos, ingenios y esclavos en la época colonial*, Santo Domingo: Banco de Reservas de la República Dominicana.

KAPPEN, Olav van (1965). *Geschiedenis der Zigeuners in Nederland. De ontwikkeling van de rechtspositie der Heidens of Egyptenaren in de Noordelijke Nederlanden (1420 - +/- 1750)*, Assen: Van Gorcu.

KENRICK, Donald (2007). *Historical dictionaries of peoples and cultures of the Gypsie s (Romanies)*, Lanham-Toronto- Plymouth: The Scarecrow Press, Inc.

KONETZKE, Richard (1993). *América latina*, T. II *La época colonial*, Madrid: Siglo XXI.

LÓPES DA COSTA, Elisa. (1999). "El pueblo gitano y el espacio de la colonización portuguesa. ¿Cuáles han sido sus aportaciones?", en *Deportaciones de Gitanos*, Madrid: Centre de recherches tsiganes/Editorial Presencia Gitana, pp. 43-85.

LENMAN, Bruce, P. (2005). "Lusty Beggars, Dissolute Women, Sorners, Gypsies, and Vagabonds for Virginia", en *CW Journal*, Vol. 27, nº 2, pp. 64-69.

https://research.colonialwilliamsburg.org/Foundation/journal/Spring05/scots.cfm.

MACRITCHIE, David (1894). Scottish Gypsies Under the Stewarts. Edinburgh, England, Neil & Company for David Douglas.

MAGANO, Olga y D' OLIVEIRA, Tânia (2023). "Antigypsyism in Portugal: Expressions of Hate and Racism in Social Networks", en *Social Sciencies*, nº 12. https://www.mdpi.com/2076-0760/12/9/511.

MARTÍN SÁNCHEZ, David (2017). *El pueblo gitano en Euskal Herria*, Tafalla: Txalaparta.

MARTÍNEZ DHIER, Alejandro (2007). *La condición jurídica de los gitanos en la legislación histórica española. (A partir de la Pragmática de los Reyes Católicos de 1499)*, Tesis doctoral, Granada: Universidad de Granada.

- (2011). "«Expulsión o asimilación», esa es la cuestión. Los gitanos en Castilla durante el gobierno de la monarquía absoluta", en *Revista de la Inquisición (Intoleracia y Derechos Humanos)*, Vol. 15, pp. 173-230.

MARTÍNEZ MARTÍNEZ, Manuel (1993). La minoría gitana de la provincia de Almería durante la crisis del Antiguo Régimen, Almería.

- (2004). "Los gitanos y las Indias antes de la pragmática de Carlos III (1492-1783)", en *O Tchatchipen*, 48, 2004, pp. 16-23.

- (2007). *Los forzados de marina en el siglo XVIII. El caso de los gitanos* (tesis doctoral dirigida por Francisco Andújar Castillo), Almería: Universidad de Almería.

- (2010). "Los gitanos y la prohibición de pasar a las Indias españolas", en *Expediciones y pasajeros a Indias, Revista de la CECEL*, nº 10, pp. 71-90.

- (2011). *Los forzados de marina en la España del siglo XVIII (1700-1775)*, Almería.

- (2014). *Los gitanos y las gitanas de España a mediados del siglo XVIII. El fracaso de un proyecto de "exterminio" (1748-1765)*, Almería: Universidad de Almería.

- (2019). "Pragmática de Madrid de 1499 y acuerdo de las Cortes de Monzón de 1510. El antigitanismo se hace institucional", en Historia de los gitanos españoles (01/03/2019). Recuperado de http://adonay55.blogspot.com/2019/03/pragmatica-de-madrid-de-4-de-marzo-de.html.

MOREIRA LIZ, Isa Maria (2022). *As mulheres nas visitaçoes do Santo Ofício ao Brasil (1591-1599)*, Dissertação (Mestrado em Faculdade de Letras), Lisboa: Universidad de Lisboa, pp. 60 y 64.

MARTINEZ SHAW, Carlos (1994). *La emigración española a América (1492-1824)*, Colombres: Fundación Archivo de Indianos.

MACRITCHIE, David (1894). Scottish Gypsies Under the Stewarts. Edinburgh, England, Neil & Company for David Douglas.

NOORLANDER, D.L. (2023). *Banishment, penal labor*, and the *quest* for *order* in the *early Dutch Atlantic world, en Atlantic Studies*, 1-26.

Nordström, Gunni & Myrman, Björn (1991); *Vi kallar dem zigenare*, Alfabeta Förlag: Stockholm.

Nueva Recopilación, VIII, XXIV, I

NR, lib. XII, tit. XVI, ley XIII «En que se alteran las penas de la ley pasada contra los egipcianos»;

NSR lib. XII, tit. XVI, ley II, «Pena de los egipcianos que no cumplieren lo mandado en la ley precedente».

OLIVEIRA COSTA, Thaís Tanure de (2018). *Nas terras remotas o diabo anda solto?: Degredo, Inquisição e escravidão no mundo atlântico portugués (séculos XVI a XVIII)*, Dissertaço (Mestrado em Programa de Pós-Graduação em História) – Belo Horizonte: Universidade Federal de Minas Gerais.

OSTENDORF, Ann Marguerite (2017). "'An Egyptian and noe Xtian Woman': Gypsy identity and race law in early America", en *Journal of Gypsy Studies* 1: 1, pp. 5-15.

- (2019). "Racializing American "Egyptians": Shifting Legal Discourse, 1690s-1860s", en *Critical Romani Studies*, Vol. 2, nº. 2, 42-59.

- (2021). "Contextualizing American Gypsies: Experiencing Criminality in the Colonial Chesapeake",

MARYLAND Historical Magazine, Vol. 113, Nº 2, Baltimore.

https://www.mdhistory.org/wp-content/uploads/2020/07/MHMFallWinter2018.pdf.

- (2021). "Louisiana Bohemians: Community, Race, and Empire in the Colonial Atlantic Roma Diaspora", en *Early American Studies: An Interdisciplinary Journal*, Volume 19, Number 4, University of Pennsylvania Press, pp. 659-698.

PÉREZ DE HERRERA, Cristóbal. *Discursos del amparo de los pobres, y reducción de los fingidos: y de la fundación y principio de los albergues de estos reinos, y amparo de la milicia de ellos*, Madrid: Luis Sánchez, 1598. https://www.cervantesvirtual.com/obra-visor/discurso-de-amparo-de-los-legitimos-pobres-y-reduccion-de-los-fingidos--0/html/feeaaa42-82b1-11df-acc7-002185ce6064_8.htm.

PIERONI, Geraldo (1993). "Detestáveis na metrópole e receados na colônia: os ciganos portugueses degredados no Brasil". En *Varia História: Belo Horizonte*, nº. 12, pp. 114-127.

- (2006). *Vadios e Ciganos, Heréticos e Bruxas. Os Degredados no Brasil*, Rio de Janeiro: Bertrand Brasil.

RODRÍGUEZ ENNES, Luis y ALLEGUE AGUETE, Pilar (1992). "Reflexiones sobre algunas ideas punitivas del P. Sarmiento", en Anuario de derecho penal, tomo 45, fasc/mes 3, pp. 855-880.

RODRÍGUEZ SÁNCHEZ, Ángel (1981). "Pobreza y marginación social en la España Moderna", en *Norba*, 2, pp. 233-244.

RUSSO, Maríagrazia (2013). "Os ciganos roubaram mina sorte. Gli zingari in Portogallo: etnonimi per una frontera sociolinguistica", en CALVI, Maria Vittoria (ed.). *Frontiere soglie e interazioni. I linguaggi ispanici nella tradizione en ella contemporeità*, Trento: Lingua, Labirinti 152, Università degli Studios di Trento, pp. 363-286.

SALMON, Emily (2020). "Convict Labor during the Colonial Period", en *Encyclopedia Virginia* (07/12/2020). https://encyclopediavirginia.org/entries/convict-labor-during-the-colonial-period/. Consulta realizada en 15 de octubre de 2023.

SANZ TAPIA, Ángel, "Las Antillas en el siglo XVI", en NAVARRO GARCÍA, Luis (Coord.), *Historia de las Américas*, Madrid (1991), pp. 89-100.

SILLERS FLOATE, Sharon (1999). "Deportación de gitanos desde Inglaterra, 1614-1868)", Madrid: Presencia Gitana, pp. 87-129.

SIMSON, Walter (1865). *A history of the Gipsies: with specimens of the Gipsy language,* with preface, introduction, and notes, and a disquisition on the past, present and future of gipsydom, by James Simson, *Londres: Sampson, Low, Son and Marston.*

SOLANO COSTA, Fernando Fernando (1951). La emigración acadiana a la Luisiana española (1783-1785), en *Cuadernos de Historia Jerónimo Zurita*, nº. 2, pp. 85-125.

- (1993). "La colonización irlandesa de la Luisiana española: dos proyectos de inmigración", en *Revista Acta Académica*, nº 12, pp. 89-92. http://revista.uaca. ac.cr/index.php/actas/article/view/1196/1487.

SOLÓRZANO FONSECA, Juan Carlos (1997). *Las poblaciones indígenas y los colonizadores europeos en Luisiana colonial*, San José: Universidad de Costa Rica/Centro de Investigaciones Históricas de América Central.

STEPHENS, Katherine Bernice (2003)."American Gypsies: Immigration, migration, settlement", Theses

Digitization Project, San Bernardino: California State University.

STILLÉ, Charles T. (1889). "American Colonies as Penal Settlements", en *The Pennsylvania Magazine of History and Biography*, Vol. 12, nº. 4, pp. 457-464.

SUTRE, Adèle (2014). "«Are you a gypsy?»: L'identification des tsiganes a la frontière américaine au tournant du XXe siècle", en *"Tsiganes", catégorisations et politiques publiques*, Vol. 26, n° 152, pp. 57-73.

SZASZDI LEÓN-BORJA, István (2005). "Consideraciones sobre las cartas de seguro húngaras e hispanas a favor de los gitanos", en *La España medieval*, nº. 28, pp. 213-227.

- (2009). "Los gitanos en la España del siglo XV y su vinculación a Hungría", en *Estudios de Historia de España*, Vol. XI, p. 165-196.

TAYLOR, Alan (2016). *American Revolutions: A Continental History, 1750-1804*. New York: W.W. Norton & Company,

TEIXEIRA, Rodrigo Corrêa (2008). *História dos Ciganos no Brasil*. Recife: Núcleo de Estudos Ciganos, Libro digital disponible en: http://www.dhnet.org.

br/direitos/sos/ciganos/a_pdf/rct_historiaciganos-brasil2008.pdf.

TORRIONE, Margarita (1988). El dialecto caló y sus usuarios: la minoría gitana de España. Materiales para una identidad, Ss. XVIII & XIX [tesis doctoral dirigida por Bernard Leblon], Universidad de Perpignan.

TUCKER, St. George (1803). *Blackstone's Commentaries: With Notes of Reference to the Constitution and Laws of the Federal Government of the United States and the Commonwealth of Virginia*. Philadelphia, PA.

VARGAS MARTÍN, Séfora (2023). *Historia del Pueblo Gitano para dummies. La supervivencia de unos héroes silenciados*. Sevilla: Independently Publisher.

VAUX DE FOLETIER, François (1977). *Mil años de historia de los gitanos*, Barcelona: Plaza & Janes

- (1957). "La déclaration de 1682 contre les Bohémiens son application en Languedoc", en Études *Tsiganes*, 3, pp. 2-10.

- "La gran rafle de bohémiens du pays basque sous le consulat", en Études tsiganes, nº 1, 1968, pp.13-22.

- *Les Bohémiens en France au XIXe siècle*, 1981, Paris: J.-C. Lattès.

J. Vilar , Literatura y economia: La figura satirica del arbitrista en el siglo de oro, Revista de Occidente, Vol. 48, Madrid: Revista de Occidente, 1973

V.V.A.A., *Historia de Iberoamérica*, T. II, Madrid (1990)

Webb, George. 1736. Office and Authority of a Justice of Peace. Williamsburg, NY: n.p.

VV.AA (2006). "La France et les tsiganes", en *BT2-N*, nº 87, p. 11. https://docplayer.fr/55639211-Bt2-n-n-mots-cles-compatibles-motbis-3-racisme-exclusion-memoire-stereotypes.html.

VV.AA (2020). *Romani realities in the United States: breaking the silence, challenging the stereotypes.* A study from the François-Xavier Bagnoud Center for Health and Human Rights at Harvard University and Voice of Roma, Boston. https://www.hsph.harvard.edu/wp-content/uploads/sites/2464/2020/11/Romani-re-alities-report-final-11.30.2020.pdf.

ZAHR, Milena (2013). "Os ciganos escritos na historia", en *Revista Ensaios de História*, Vol. X, nº. 1/1, p. 79-88.